U0574572

·国家社科基金特别委托项目·

本丛书由中国社会科学院世界社会主义研究中心编

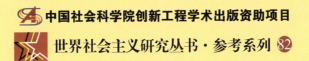
中国社会科学院创新工程学术出版资助项目

世界社会主义研究丛书·参考系列 ㉘

过剩：资本主义的系统性危机

A Surfeit of Stuff: Capitalism in a Systemic Crisis

〔美〕山村耕造/著

（Michael S.Koyama）

童　晋/译

社会科学文献出版社

SOCIAL SCIENCES ACADEMIC PRESS (CHINA)

This edition is an authorized translation from the English language edition by Michael S. Koyama. All rights reserved.

本书中文版经山村耕造授权翻译出版。版权所有，侵权必究。

目 录

世界社会主义研究丛书·参考系列·82

译者序

　　这部译作是日裔美籍学者山村耕造的既严肃又通俗的经济学著作，也可以说是关注资本主义发展命运的社会学著作。作者在西方资本主义国家发生危机的大背景下深刻揭示了资本主义社会长期积累的种种难题：经济萧条，民主失灵，社会分化，环境灾难……资本主义向何处去？是在危机中灭亡，还是在变革中重生？作者立足当前发达资本主义国家的现实问题，同时认真总结资本主义历史发展变迁的经验教训，提出了资本主义"系统性危机"（systemic crisis）的困境难题，同时也提出了"系统性变革"（systemic change）的纾难解困之道。可以说，这本书对于我们认识当下的资本主义危机，以及认识资本主义变迁历史、危机后资本主义的未来，都不无独到的参考价值。

　　本书揭示了资本主义国家普遍面临的危机，以及现行资本主义国家所采取的应对举措之局限。作者认为，富裕的资本主义国家普遍面临着三重危机：第一，长期停滞不振的经济；第二，严重的收入和财富分配不均使资本主义民主在很大程度上失灵；第三，正趋近于临界点的且不可逆转的环境大灾难。面对这些困境和问题，现行资本主义国家的改革多限于制度变革的"箱内"（Inside the box）操作，无论是保守派经济学家还是自由派经济学家，都仅仅通过税率变动、财政和货币政策调整以及市场监管来支持政府在经济领域中扮演更小或更大的角色。但实践证明，所有这些药方都不能使资本主义摆脱发展停滞的困境以及各方面频繁凸显的危机。

作者认为克服这一系列的危机，资本主义世界必须启动一场新的系统性变革。唯有通过这种"箱外"（Outside the box）操作，才能摆脱消费饱和的现状，使经济保持较快的增长、获得足够的税收收入以保证社会投资、维系民主权利的有效发挥，以及实现环境的可持续发展。作者在研究当下时追溯历史，回顾了18世纪中叶工业革命以来资本主义取得的两次成功的系统性变革的案例。第一次是发生于19世纪中叶的英国，第二次是发生于19世纪90年代至20世纪30年代的美国。这两次变革使英国和美国迈出了当时资本主义国家所面临的困境，并迎来了新的大发展。因而，作者认为资本主义必须立即启动第三次系统性变革，在危机中浴火重生。

作者根据自己的经济专业知识，还详细地描绘了第三次系统性变革的路线图。比如，在经济领域，改革税收体制，其中包括征收财产税；在明确界定奢侈商品和服务的前提下，征收奢侈品税，一方面有助于扩大政府税源，另一方面有利于保护环境；征收金融交易税以扩大政府税源，缩小贫富差距。在政治领域，改革选举制度以及其他政治体制和运行方式，化解当前政治制度并不符合民主运作的期望，且不具备按照绝大多数选民的需要而进行自我矫正、减少或消除所有反民主行为及其后果的能力等问题。

系统性变革的"箱外"操作有别于对资本主义现行体系进行微调的改良政策主张。因而作者对资本主义危机及弊端的揭示是理性而深刻的。作者一方面对资本主义普遍面临的危机进行了总的分析，另一方面又对一些有代表性的国家如美国、日本、德国、法国、英国、意大利及西班牙等进行了个案分析。对资本主义面临的危机以及所采取的应对举措进行了有理有据的评价裁定。可以看出，作者分析危机、寻找药方的目的是拯救资本主义，他始终认为资本主义是所有制度中最具生产效率的制度，同时也是人们唯一可以接受的最具平等性的政治制度，但资本主义如果不立即进行"刮骨疗毒"式的手术，资本主义将会活力消失、优势耗尽、前途渺茫。可见，作者所倡导的第三次系统性变革并不是要根本上取代资本主义制度，而是通过在资本主义国家实施系统性变革，使资本主义经济政治体制更为持久、有效的运行下去。

作者看到，西方发达资本主义国家采取的一系列政策无形之中都在向右偏移，最终毫无例外地打击劳工的权益，捍卫资本家的利益，贫富差距日渐悬殊已是不争的事实和持续的趋势。所谓的"中产阶级""中等收入"人数在不断下降，与之相对，低收入人群数量却明显增加。化解社会矛盾的社会流动性普遍降低，社会阶层分化愈发清晰。与此同时，各国民粹主义政党如德国选择党、意大利"五星运动"以及西班牙"我们能"党在经济危机之后如雨后春笋般出现，并"迅速走俏"，受到众多民众的欢迎，这无疑也从侧面反映了西方国家执政党所采取的应对危机的举措之令人失望和不满。但在如何破解这一根本难题方面，本书作者并没有跳出资本主义制度已有的范畴，尽管对资本主义现状的批判鞭辟入里，但是他对资本主义的期望远胜于失望，对资本主义的挽救远胜于放弃。

　　译者在翻译书稿过程中倾注了大量的心血，力求奉献给读者一部忠实于原文内容和风格的译著。但由于理解能力和翻译水平有限，书中难免有不准确甚或错误之处，敬请广大读者批评指正。

译者

2016 年 5 月 3 日

导　论

今天，我们这些生活在富裕的资本主义民主国家中的许多人越来越感到担忧：我们的经济长期停滞、毫无活力；收入和财富分配的巨大差距造成越来越明显且严重的后果；生态环境持续恶化。其实，这些担忧既体现在政治选举所关注的首要问题中，也常见于大众传媒新闻报道的各类标题中。当然，我本人也有着同样的关注点和担忧。

我强烈地感觉到，虽然媒体对如何解决这些问题展开了无休止的讨论，无数的学术著作也一直尝试回答这些问题，然而对于为这些严重问题找到有效的缓解或解决途径而言，这些讨论是无用的，将来也于事无补。究其原因，是这些讨论分析及据此提出的政策建议都是"箱内"（Inside the box）操作①。那些政策制定者、学者及权威评论家们都认为，现行的资本主义民主制度不能变也不应该变。

然而，基于历史事实，或更一般地讲，基于所有的政治和经济制度都是人类集体意志的产物这样不容置疑的客观现实，我认为上

---

　　① 即倡导"制度内的变革"。——译者注

1

面的那种看法是错误的。这就是我不得不写这本书的原因。我希望能够唤醒尽可能多的人，使其意识到现行制度不仅可以改变，而且应该改变。这样的话，资本主义——所有制度中最具生产效率的制度，以及民主——人们唯一可以接受的具有平等性的政治制度，可以变得更为持久，也更为兴盛。

我原本计划撰写一部学术性著作，但最终还是放弃了。纵然学术性著作很重要，但是它有两个严重的缺陷。第一，学术性著作的受众非常有限，它的读者局限于一些了解乃至认同作者政治思想的狭小群体，而对更多的人来讲，作者无异于是白费唇舌；第二，学术性著作对普通读者的吸引力非常有限，因为其中所涉及的专业术语会让人们读起来觉得晦涩，不易理解。因此，我这本书是写给每个人的，他们作为选民将决定是否对现行制度进行变革以使经济恢复活力，缩小收入和财富分配的巨大差距，以及制止生态环境进一步恶化。

本书的主旨论点将在随后的章节中得到论证支持，主要包括以下内容。

到了20世纪80年代，发达资本主义国家的多数民众达到了消费的饱和状态。这是因为，历经200多年的工业化进程以及二战后数十年的经济快速增长，人们所拥有的物质财富基本满足了他们的需要。我们可以将琳琅满目的商品划分为两种不同的类型：第一类消费品是维持人们正常生活必需的物品，也是使人们的生活更加舒适、生活水平空前提高的物质产品；第二类消费品则是那些毫无使用价值的奢侈品，我们购买这类产品，并非出于生活所需，更多地是受那些与我们地位相仿的人以及广告的引导。第二类物品中包括大量的越来越奢侈的食品，人们衣橱里塞满了几乎从来不穿的衣服，数不清的玩具、配饰以及其他奢侈品。20世纪80年代以来奢侈品的数量呈指数级增长。任何一位进过超市、看电视或使用互联网的人，都不会否认我所得出的观察结论。

自 20 世纪 80 年代以来，我们开始积累越来越多的第二类消费品，与此同时，在多重因素影响下，发达国家的政策明显向右转。越来越多的人开始接受那种"小政府"、低税率、减少经济干预的理念及其理论基础——供给学派经济学。它主张通过削减税收以增加投入，从而激发经济活力。这种理念被广泛地接受并作为政府经济政策的基础。正如本书将要详细论述的，政府政策右转的重要原因是：许多选民寄希望于政府能够使经济增长恢复至战后伊始那样的水平，企业则迫切希望以最低廉的成本获得大量资金，以适应肇始于 20 世纪 70 年代的划时代的信息技术革命的需要。

环境问题也是本书强调的一个重点问题，然而这一问题常常被主张"小政府"和支持供给学派经济学的人所忽视。随着人们对各种商品，特别是对奢侈品追求的欲望不断膨胀，这一行为已经威胁到了环境的可持续性。因而本书将单辟一章讲述环境问题，其他章节对这一问题也有所涉猎。无论谈及政治问题还是经济问题，我们都需要给环境的可持续性以足够的关注。因为环境问题不仅关乎民众福祉，还关系到子孙后代的生存质量。

从 20 世纪 80 年代开始，那些在理念上或者实践中接受供给学派信条的发达资本主义国家政府，持续地削减税收，致使税收占国内生产总值（GDP）的比重不断下降。但这一举措并没有真正激发经济复苏的活力，发达资本主义国家的经济增长率仍远低于战后时期。与此同时，收入和财富分配不均现象越发严重，两极分化问题日益突出。产生这种情况的原因在于，政府减税政策主要倾向于降低富人所得税税率，对于工人则采取相对打压的举措，致使工会组织遭到破坏，工人实际收入陷入停滞，等等。本书对产生这一现象的多重原因都将进行细致的讨论。

当然，导致经济疲软的原因还有其他方面。由于多数民众的消费已经达到相对饱和状态，这样一来需求就不可能再增加了。这是供给学派的信奉者们所没有意识到的。工人实际收入的停滞证明了供给学派经济学的失灵，他们所倡导的通过增加投资，进而在涓滴效应作用下促使工人工资也随之上涨的理念在实践中宣告破产。此外，那些处于贫困状态的人们无力支付改善生活的必需品，这也是消费需求恢复乏力的重要因素之一。尽管影响发达国家需求放缓的因素在不同国家的重要程度各有不同，但其对我们的研究来说都是重要的内容，因而本书将对各种因素进行详细的阐释。

本书对 2008～2009 年大衰退爆发的原因进行了分析。发达资本主义国家仍未从这场危机中完全恢复，一个重要的原因在于，面对这场堪称 20 世纪 30 年代大萧条以来最为严重的危机，资产阶级政府并不愿意通过财政政策来刺激经济增长，因为财政举措会使国家背负更多的债务。时至今日，西方发达资本主义国家的经济仍然增长迟缓，这是因为各国政府仍然不愿调整其应对危机的政策，也由于上面所讲的那些导致经济停滞的因素仍然存在。

在发达国家政府财政举措欠缺的情况下，为应对危机，各国中央银行实行降低利率（几近为零）的政策，目的在于向本国经济体注入大量的流动性资金。这就是所谓的量化宽松政策（Quantitative Easing，QE）。简单地说，量化宽松政策意味着中央银行增印钞票用以购买政府债券以及收购金融机构的有价证券和不良资产。通过向银行机构注入资金，创造流动性，促使银行以较低的贷款利率向企业放贷，企业则运用这些资金投资生产，以刺激经济复苏。至于量化宽松政策是如何运行的，本书中也会有详细的解读。

量化宽松政策与传统的低息政策一并推行，掀起了巨大的"货币海啸"，这些举措对于刺激需求进而增加投资是毫无裨益的。然而，中央银行及该政策的支持者们却坚信，尽管经济增长仍未达到预期的效果，甚至与战后时期的经济增长水平还相去甚远，但是这一政策已经取得了成功。这一政策未能取得预期效果的原因是明确的，首要的一点在于，基于上述提及的因素，消费需求并没有得到明显的增长。此外，工资中用于消费的部分增长尤为缓慢，甚至处于停滞状态，而这一消费却占总需求的 2/3。在"货币海啸"的影响下，一些富人变得更加富有，他们所持有的货币量明显增加，但由于富裕群体人数本身非常有限，他们用于商品和服务支出的可支配收入占比很低，因而并不足以在真正意义上为总需求的增长提供多少帮助。

时至今日，"货币海啸"仍然在持续冲击着整个经济。通过推行量化宽松政策，中央银行向经济体注入了巨额货币。例如，自 2014年 9 月起，美联储每月向美国经济体注入近 800 亿美元的货币，同时仍持续执行低利率或零利率的货币政策。日本央行也同样维持着大规模的量化宽松态势，平均每月向经济体注入约 600 亿美元。有数据显示，从 2008 年经济危机爆发以来直至 2014 年底，美国、日本、英国以及欧盟其他成员国的中央银行总计向市场注入 6 万亿美元的流动性资金。

除了造成严重的收入和财富分配差距过大问题外，失效的"货币海啸"政策还带来了其他许多不良后果。我们可以将这种政策理解为一项以邻为壑的政策，它通过提升货币供应量，促使本币贬值，降低出口价格，从而在出口市场上占得先机，使其他国家的产品难以与其竞争。"货币海啸"政策还对新兴市场国家的经济造成重大冲击，因为发达经济体的投资家和金融机构先向新兴经济体投入大量资金，接着便突然撤资。2014 年美联储决定逐步取消量化宽松政策时，就已经产生了这样的结果，而随着其他国家的央行相继推出这一政策时，这样的情况就会再次出现。此外，量化宽松政策具有"成瘾"特性，因而它的退出也很困难，因为这一政策的退出意味着增长的放缓以及股票和其他资产价格的萎缩，然而这些是央行以及资产持有者所不愿看到的。本书将对上述所提及的内容展开全面而深入的探讨。

正是因为倡导所谓的"小政府"和供给学派经济政策，现有货币政策失灵，这意味着我们要从"箱外"（Outside the box）来思考问题和对策①。我们不能任由这种政策持续下去了，它们不仅不能促使经济有效恢复，还带来两大日益严重的问题。对这两个严重的问题，本书也做了详细的解读。

第一个严重问题是民主功能越来越失调。这主要体现在意识形态分裂愈发明显，立法机构陷入僵局，选民参选数量呈下滑趋势，极右翼或者其他排斥外来移民的政党增多，一国财政政策越发受国际资本市场所主导，社会动荡因素增加。第二个严重问题表现在针对社会基础设施建设、社会保障体系以及抑制环境恶化方面的投资严重不足。

因而本书认为，今天有必要做的是变革制度。

但变革制度并不意味着就要进行一场革命，而是意味着变革现存制度的法律规范、行为方式和机构体制。这种变革的广泛程度类似于19世纪的英国，以及19世纪90年代至20世纪30年代的美国。相关的系统性的变化无疑是深刻而广泛的，以至于只有少数支持者才想象到它是可能的。本书将对其中涉及的内容做详细阐述。

这里简要回顾一下英国经历的体制变革：废除了千余项使土地贵族和其他富人从中获益的税收法案；颁布并施行了有效的《济贫法》；广泛地扩大了选举权；有效加强了《工厂法》；等等。英国此前缺少一个相对连贯、合理的财政政策，因而到了19世纪中叶，仍有高达58%的财政支出用于清偿债务。直至1854年这一状况才得到

① 即跳出现有制度框架的分析。——译者注

扭转。当时英国政府通过调高收入所得税以及其他税收等，使英国最终有了一个合理的年度预算。与之相对的是，1788 年法国财政濒临破产，此后不久法国大革命就爆发了。

美国的体制变革在最初的时候被认为是不可思议的，但随着收入所得税的推行，美国的体制改革也就加速进行了，三部反垄断法随即出台，包括社会保障举措在内的各类安全网也逐渐建立起来。在此基础上，工会组织得到了法律的认可，它的力量也不断增强；妇女获得了选举权。与此同时，其他相关法案的推行也促使政府采取各种政策以创造更多的就业机会，这在很大程度上更好地保护了公民的健康和福利，并有效遏制了各种地方性政治腐败的蔓延。

美国的体制改革从根本上塑造并改变了美国制度，这使美国得以存续并走向繁荣，美国模式的成功使得二战后许多国家都对之羡慕不已，成为竞相效仿的典范。

那么，我们能否开启第三次制度变革？正如上文所述，制度是人类意志集体创造的产物。因而可以说，是人类的意志导致变革的发生，也正是坚定的意志征服了前两次变革中强大的、根深蒂固的反抗力量。如能获得越来越多的选民的支持，第三次制度变革是可能的，获得民众的支持也是可能的，因为它能够有效提升所有公民的生活水平，也能为后代的发展创造更好的条件。第三次制度变革能够带来比 20 世纪 80 年代更稳定、更快速的经济增长，同时也会将保护环境这一更重要的问题纳入未来发展中。

这里所说的所有民众，不仅包括穷人和中产阶级群体（他们的收入普遍下降），还包括那些富人。实际上，如果第三次制度变革迟迟不能进行的话，受损失最大的恰恰是那些富人。原因有二：一是在经济停滞甚至"货币海啸"时期，这些富人的资产很难长期保值；二是如果政府无力为环境保护采取积极举措，那么数十年后当气候变化的"临界点"到来的时候，他们拥有的财富的价值将开始降低。

本书的分析和中心论点源自对系统性危机的比较分析。自20世纪80年代以来，无论在美国、日本、德国还是在其他四个欧洲国家，系统性危机都展现得愈发明显。此外，本书把环境问题视为重要的和系统性的问题，而这在许多探讨资本主义及民主制度的相关书籍是被忽略的。此外，本书还对经济学这一学科自身的弊端做出了批判性分析，这是因为经济学家在资本主义经济中扮演着顾问、央行总裁以及权威评论者的重要角色。

鉴于本书是写给每一个希望了解相关知识的读者的，因而在撰写过程中我尽最大努力避免使用专业性很强的技术用语，如果有些技术用语确实难以规避，我也会附以非常详细的解释和说明，以便读者更好地理解其含义。脚注清晰地标示了相关数据的出处，对于那些通过相关数据可以自然得出的结论性内容，书中并未做过多阐释。本书在分析过程中还使用了一些数据以实现我的分析目的，但我还是努力使各位读者不为繁多的数字和图表所累。愿这本书所呈现的内容，能够引导读者在"箱外"思考问题，以使第三次制度变革成为可能。

英国发生的第一次系统性变革，是为了应对马克思主义所分析的那种资本主义危机。当时，工业革命以及随之而来的城镇化，导致不同阶级在收入和财富分配方面面临严重不均，进而引发资本主义危机。美国发生的第二次系统性变革，一方面是为了应对马克思主义所分析的资本主义危机，同时也是为了克服凯恩斯主义所分析的不受限制的资本主义市场所导致的需求不足的危机。毋庸置疑，现行的资本主义制度既面临着马克思主义所分析的危机和凯恩斯主义所分析的危机，同时还面临着环境危机。为克服这三重危机，我们必须努力改变现有制度，这是一项极为艰巨但也非常迫切的任务。因而我衷心希望那些不十分赞同我在本书中所论内容及所提观点的读者能够发现，本书提供的是一种"箱外"分析。这对于读者重新审视他们自己的观点、见解是有积极意义的，并且本书也会促使读者逐渐认识到，对现行制度的变革既是当代人的需要，也是后代人的需要。

第一章
资本主义国家的经济停滞

20 世纪 80 年代以来，发达资本主义国家的经济陷入了停滞状态。这从这些经济体的 GDP 平均值、通货膨胀调整、实际增长率等方面可明显看出。例如，美国在 1980~2007 年的 GDP 平均年增长率为 2.62%，而在经济危机影响下，2008~2013 年的年增长率仅为 1.42%。前后两个时期，日本的增长率分别为 2.61% 和 1.09%，欧洲五个最大的经济体（德国、法国、英国、意大利和西班牙）的增长率为 2.42% 和不足 0.65%。与 20 世纪 50~70 年代的平均增长率相比，1980~2007 年的平均增长率无疑是令人沮丧的，至于 2008 年以来的增长率更是少得可怜。遗憾的是，在 2015 年以及未来的几年中，这些国家的经济前景仍然比较黯淡，相关内容会在后续章节中进行深入讨论。

长期的经济停滞会带来很多严重的后果。其中最令人担忧的就是数千万的长期失业人口和非充分就业人口，以及逐渐威胁到民主国家性质的、不断扩大的收入与财富分配差距。另外，必要环保举措的落空也带来严重后果。

何以这些发达的资本主义国家经济体在 20 世纪 80 年代会陷入

经济停滞呢？这种长期的经济停滞状态即使在 20 世纪 30 年代经济大萧条时期也不曾发生。为什么重振经济增长的政策并未奏效？又是什么原因使这些并未奏效的经济政策依旧被强制推行？

经济长期停滞的原因是复杂而多样的，在接下来的章节中我会对其进行详细的阐述。但发达资本主义国家在 80 年代经济陷入停滞的核心原因是很明显的，即消费需求增长缓慢，而就这些发达经济体而言，其 GDP 中约有 2/3 都来自消费需求的增加。由于消费需求的增长速度远低于二战结束之后的一段时期，因而就企业而言，它们没有理由加大投资以提高生产能力，相反，低投入必然导致低经济增长。

80 年代以来消费需求增长放缓的三个主要原因如下。

一个非常重要的原因是经济政策没有随着客观经济环境的变化而变化，没有及时适应"消费社会"的变迁。80 年代人类社会第一次迎来真正意义上的"满足型消费"，在发达资本主义国家，绝大多数人已经迈进或正在迈进"满足型消费"的队伍。"满足型消费"的实现是经济增长的结果，18 世纪后期开始的工业革命，特别是 20 世纪二战后经济稳步、快速的增长都使人们的收入不断增加，从而将人们推进了"满足型消费"的行列。

不容否认，绝大多数发达国家的人均 GDP 在 2015 年会超过 3 万美元。可以说，自 80 年代以来，今天人们对商品以及服务的消费已经达到了令人满意的程度。这在下列熟悉的现象中更是显而易见。

纵观刚刚过去的 30 年，发达资本主义国家的肥胖人数不断增加，人们的衣橱中也堆满了几乎不穿的衣服，仿佛有一种强制力促使人们去冲动购物，购买一系列无聊的甚至没有任何用处的东西。自 80 年代以来，人们在非必要性支出方面的开支呈指数级增长，例如，在数码产品方面的消费以及众多为满足虚荣心又或者是一时兴起的奢侈品消费都在不断增加。换句话说，多数民众似乎已经对购买"无用处"商品的行为习以为常了。

当然，我们已经知道，几个世纪以来，那些富人总是沉湎于"炫耀性消费"，以此来达到炫富的目的。美国经济学家凡勃伦（1857～1929年）在其1899年出版的《有闲阶级论》中提及了这种"炫耀性消费"。然而差别在于凡勃伦所指出的"炫耀性消费"多局限于少数富人群体，80年代以来的"后满足型消费"却体现在发达国家的绝大多数人群中。

大量数据表明，这种现象的确是客观存在的。在这里，我们只列举这样一个例子，相信就足以说明问题了。假设1975年美国各超市所售物品平均数量是1万种，那么2013年这一数值则翻了两番，突破4万大关。究其原因，主要在于这些超市售出了越来越多的同类产品，这些产品的相似度极高，它们彼此的差异更多地是人为制造出来的，是虚假性的差异，远非实质性的差别。就其他发达资本主义国家而言，境况也别无二致。

2013年，美国的广告费用总投入高达3300亿美元，占其GDP的2.2%，这一数值相当于希腊1140万人口所创造的GDP总和，是美国政府2013年教育投资支出的2.5倍。这些广告费用投入的宗旨在于刺激人们的消费，激发人们去购买那些"自己都不曾意识到他们所需的"商品和服务。对其他发达资本主义国家相关数据进行观察也可以得到相似的结论，它们的广告费用支出均达到了一个较高的水平。其中，即使在广告支出占GDP比例最小的日本，这一数值也相当可观。2014年所获得的数据显示，日本2012年广告消费支出超过GDP的1%，但即便如此，50亿美元的支出也相当于阿富汗3200万人口所创GDP的3倍，同时也远高于日本政府在教育方面的财政预算。

事实证明，企业为了在竞争中谋求生存、获得成功，势必会销售越来越多的"后满足型消费"的商品和服务，无论这些商品和服务是多么没有必要，抑或造成多大的浪费，它们都会做出这样的选择。通过打造流行时尚，淘汰所谓的过时商品，并在其中加入一些新的赚人眼球的、实际上却微不足道的新功能，再加上相关营销策略的运用，这一系列行为已然构成众多企业人为制造消费需求的一种模式。在外界刺激因素的导向下，人们更趋于选择并购买新产品而淘汰旧产品，很少会对旧产品进行有效修理和维护以便继续使用。有时，那些所谓的"旧产品"即便仍然保持着一种很新的状态，也摆脱不了被抛弃的命运。"勤俭节约"这种良好的品质不断被暗示为一种过时的、守旧的理念。许多生产者和消费者并不在意他们无所顾忌的生产与消费对环境所带来的压力和破坏。

另外一个能够说明发达资本主义国家已经步入"满足型消费"时代的事实是自 80 年代以来，就这些国家的企业而言，毫无例外地，民众对企业所生产产品的消费比率不断走低，呈现下滑趋势，换句话说，即需求不足。例如，G7（美国、日本、德国、法国、英国、意大利和加拿大）的消费比例持续低于 80%～85%。当经济不景气时，这一比例跌至 60%～70% 也就不足为奇了。简言之，80 年代以来，伴随持续的消费短缺，G7 的工业生产能力相对萎缩。

汽车产业的变化最能反映这一现象。最新的数据显示，如果汽车行业发挥最大的生产效能，那么 2012 年的汽车年产量可高达 9400 万辆，然而同期的销售量却仅有 6400 万辆。在过去的几年中，汽车的销售在一些新兴经济体还是有较为显著的增长，尽管如此，汽车行业的生产能力仍未能得到有效的"施展"。也正因如此，汽车行业，特别是发达资本主义国家的汽车行业会采取各种促销策略以提升销售量。

不容否认的是，自 80 年代以来，服务业也面临同样的问题。诚然，服务业的确存在需求过旺的情况，但这种现象是在众多原因作用下形成的，偶然性因素非常多，并不足以代表服务业的普遍状况。

事实上，服务业处于一种长期产能过剩的状态。倘若不是餐饮业、酒店业及其他服务行业在过去 30 年中存在长期产能过剩的问题，何以在同工业的比较中，服务行业表现出更加"疲软"的竞争力，破产企业数量也明显高于后者呢？不仅如此，已有数据清晰表明，与其他行业相比，服务业从业人员的工资更是处于一种增长停滞状态，其失业率以及非充分就业率也远高于其他行业。

消费需求增长缓慢的第二个重要原因在于，80 年代以来，许多人的工资处于停滞状态，甚至出现下滑，失业人数和非充分就业人数则不断上扬，因而这一群体中的成员不仅无力购买奢侈品，甚至连一些必要的日常开支也无法全然满足。这无疑是 80 年代以来发达资本主义国家的工资和财富分配差距日益扩大所带来的必然结果。在第二章中，我们将对这一问题做翔实而具体的分析。

第三个重要的原因在于生育率史无前例地下跌，导致人口增长缓慢，甚至持续下降。相关数据显示，只有当女性生育率达到 2.1 时，国家才会拥有相对稳定的人口规模。总的来说，二战后几十年的时间里，发达资本主义国家的女性生育率可以达到 3.0。但是 70 年代之后生育率便开始走低，到 2014 年，美国的生育率已经逐渐下降至 1.86，幸好有移民力量不断补充，美国才得以避免陷入人口总数减少的困境。其他国家的状况也并不乐观，例如，德国、意大利和西班牙的总和生育率已下降到 1.4～1.5，英国生育率也仅有 1.9。在法国，纵然政府采取了各种政策使生育率保持在 2.08 的水平，但即便如此，实际生育率也低于 2.1 的基准线。日本的总和生育率更是降到 1.2～1.4，此外，日本还面临着严重的老龄化危机以及人口锐减的问题。因此，在发达资本主义国家，人口低增长或者持续下滑，都将成为消费需求增长迟缓的一个重要原因。

此外，美国、英国、法国近些年始终处于一种贸易逆差状态。尽管意大利和西班牙仍维持着贸易顺差，但其额度所占 GDP 的比重还不及 1.2%，与 80 年代之前的贸易顺差额度相比，这一数值就显得微乎其微了。就日本而言，直到 2011 年它都维持着较大幅度的贸易顺差，但时至今日日本也加入了贸易逆差的行列，其贸易逆差的额度已经超过了 GDP 总量的 1%。回顾二战刚刚结束后的那段时间，这些国家都保持着较大幅度的贸易顺差，无形之中增加了对国内企业生产产品的需求，而今时过境迁，过去的贸易顺差态势已难以重现。就这些发达国家而言，唯一例外的要属德国了，德国一直保持着较大幅度的贸易顺差，其额度超过了 GDP 的 7%。但德国保持这一现状的秘诀并不光鲜，它更多的是通过削减工资增长幅度、增加贫困人口数量以抑制国内需求来实现的。关于这一问题，我们将在第七章中做进一步的分析。

随着 80 年代发达资本主义国家经济陷入长期停滞状态的证据愈发确凿，如需求增长缓慢以及随之而来的投资动力不足，政府部门着力推出了一系列经济政策以刺激需求、恢复增长，然而下述原因的存在使这些措施并未取得预期成效。纵观这些政策，它们多集中于扩大供给，这是因为保守党政府依然沉迷于"小政府"的定位，并继续奉行供给学派的经济政策；而就自由党政府而言，无论情愿与否，他们也选择了"小政府"的定位和绝大多数的供给学派主张；与此同时，大多数选民也对保守党政府和自由党政府的举措给予支持，他们认同"小政府"主张，支持供给学派所倡导的减税以及其他经济政策。针对相关原因的讨论，在本章的后续部分，以及与美国、日本、德国和其他四个欧洲经济体相关的章节中将进一步展开。这里，我们暂且先转向对供给学派经济学的批判。

供给学派的支持者认为，之所以会出现持续的经济停滞现象，其根源在于低投资率，基于此，应该努力提高投资率，至于具体举措，则是要坚决执行减税政策，特别是要对那些富人和企业减税。然而，这一主张显然是经不住推敲的，在过去 30 年或更长的时间里，事实并不能证明发达资本主义国家的企业存在为进行投资而积聚资本的困难，相反，只要有对产品和服务的需求，就会有必要的投资紧随其后。80年代以来，利率持续下降的事实就已经充分证明，资本处于"供给过度"的状态，可用资本总量远大于贷款需求总量，导致贷款利率下降。

在美国，考虑到偶然性因素所引发的波动，作为"基准利率"的政府十年期国债利率持续下降。美国在2008年采取非传统的超宽松货币政策前，这一利率从1981年的峰值13.9%跌至2007年的3.4%。2008年采取该政策后，到2015年这一利率降至2%左右。日本的国债利率亦大幅下降，从1980年的8%左右降至2013年前的2%，随后日本银行向市场注入大规模资金，以致利率在2015年伊始就跌至0.3%。同期，欧洲也出现了国债利率大幅度下滑的现象，例如，英国的国债利率从14%跌至4%左右，德国从11%跌至2%以下。2008年之后，加上欧洲中央银行采取超宽松货币政策，欧洲国债利率更是低至0.75%左右。当然，企业的贷款利率与基准利率是会保持高度一致的。

企业会因缺少资金而抑制投资的这种观点是站不住脚的，前文所提及的产能过剩，已经使这一言论不攻自破。就这一问题，在后续章节中还会继续给予关注。发达资本主义国家的企业拥有大规模的现金积累（这里所说的现金也包括近乎现金形式的、可以在短期内出售的金融票据），80年代以来企业现金积累额缓步走高。在刚刚过去的几年中，位列美国前500强的企业，其现金占有额高达2万亿美元，位列日本前400强的企业拥有的现金总数约2.2万亿美元。而欧洲最强的5家企业现金总数就达到了2万亿美元，其中最大的一家德国企业更是遥遥领先，拥有高达1万亿美元的现金积累规模。上述数据源自各国中央银行，因而是可靠且值得信赖的。

值得强调的是，深入研究发达资本主义国家银行贷款的相关数据和报告可以发现以下事实：80 年代以来发达资本主义国家的中小型企业也面临着和大型企业相似的银行贷款难问题，只有像在经济大萧条时期，企业产品销路不佳，未来销售前景黯淡时，中小企业方能从银行获得一些贷款。为进一步论证这一并不令人感到意外的结论，我们姑且在这里引用 2012 年美国独立企业联盟的相关调查结果："无论企业规模大小如何，当企业处在优势地位时，银行会拒绝为其提供贷款，反而只有当企业销量下滑，且在短期内无望恢复到之前的理想状态时银行才会发放贷款。"

因而，当低成本资金的供应尚未阻碍企业追逐更大的经济利益，以及客观上还存在着在后续章节中将探讨的 80 年代以来发达资本主义国家失业率所清晰折射出的劳动力供应过剩现象时，我们只能得出如下结论：企业之所以不愿意投资，是因为自 20 世纪 80 年代起，它们就面临着需求不足的问题。也就是说，发达资本主义国家已经陷入了一种需求不足的恶性循环之中，为此，企业不得不背上产能过剩、抑制投资的包袱。

前文提出了两个关键性问题，只有对这两个问题做出回答，才能解释为什么建立在供给学派基础上的、失败的保守经济政策会一直被执行。这两个问题分别是：为什么如此多的选民竟愿意牺牲自身利益以支持保守党的决策？为什么自由派政治人士接受并认同多数保守派所倡导的"小政府"理念？

就第一个问题可以做出这样的回答：众多选民曾看到过别人或者自己本身就遭受过的经济停滞所带来的苦果，因而他们倾向于相信诸如减税、扩大投资以及高增长率等保守派所倡导的内容。毕竟这些内容给人的感觉是直观的、有说服力的。即使考虑到过去 40 余年所呈现出的无可争辩的量化数据，以及前文所提及的对供给学派的批判，甚至可以说他们的许多言论是荒谬的，尽管如此，我们也都难以扭转选民做出牺牲个人利益以支持保守派候选人的局面。显然，一些选民的思想原本就趋于保守，而另一些选民也很容易在那些经验性的驳斥面前败下阵来，从而接受保守派所主张的减税政策，并期待经济领域能够呈现出更好的景象。

回顾 80 年代以来的政治趋势，我们可以做出如下概括：随着诸多选民步入中产阶级行列，他们愈发变得"保守"，寄希望于维持现状并进一步提高他们的生活水平。针对自由派所主张的增加税收政策，保守派做出了针锋相对的批判，这些批判同样得到了越来越多的选民的认可和支持。

显然，鉴于上述所提及的原因以及诸多原因的复杂交错，我们很难确定究竟有多少选民是支持保守派主张的。但是，毫无疑问的是，一些选民，特别是那些受教育程度比较低的选民，他们之所以会做出牺牲自身利益以支持保守派政策的决定，原因在于自身的愚昧和无知。此外，一个铸就保守派选举实力的重要原因是，越来越多的选民，尤其是支持自由派候选人的选民并没有参与到投票中来，这一结论已经被多项研究所证实，在本书中我们还会讨论到近些年发生在发达国家的选民参选人数下降的问题。当然，这里只是简单呈现了影响保守派选举实力的一个因素，除此之外，其他影响因素还有很多，而这众多因素已然构成了现有政治经济体系不可或缺的一部分。笔者在探讨三大经济体以及欧洲最富裕的四个国家的情况时，还会对相关问题做详细分析。

许多自由派人士选择接受保守派所提出的经济主张，主要出于两方面的考量。其一便是出于政治需要，将其作为一种策略性的选择。鉴于 80 年代以来发达国家保守派在众多选举中居于强势地位的客观现实，接受保守派政党所主张的经济政策通常可以有效提升自由派政治家竞选成功的概率。相关内容在本书中还会有所涉及。

其二则是出于对现行制度的考量。自由派政治人士认为在现行制度下，接受保守派所主张的减税、减少国家干预等"小政府"理念或许是比较好的选择。因为他们认为现行的政治经济体制并不会发生太大的变化，甚至根本就不会发生变化。也就是说，只要现行制度保持不变，那么自由派所主张的诸如通过大幅度提升税率以获取必需的资金刺激经济增长、提高社会保障以及对未来的投资（如环境保护方面的投资、基础设施建设的投资以及对教育的投资）等举措就不可能被采纳。

因而，对自由派人士来讲，若希望保持现有权力，或者想在一定程度上扩大权力范围，那么他们就必须做出适当的牺牲，给予一定的让步，例如放弃自己的某些主张，探寻一种相对折中的方案。当然，在这种选择面前，不要奢望自由派倡导者能对经济现状的揭示以及未来投资产生具有实质意义的影响。简言之，自由派候选人及其选民基本上都同意在现有制度下向保守派做出适当妥协，以保持、积累其对抗保守势力的政治优势。这样也就可以解释为什么在过去 30 年的时间里所谓的"自由"政府反而变得更加"保守"了。对相关问题的探讨，在后续与美国、日本、德国以及其他欧洲发达经济体相关的章节中还会有所涉及。

在本章结束之前，有必要附上 GDP 的相关考察结果。对 GDP 增长率的讨论贯穿全书，应该说 GDP 是衡量经济体规模大小的一个便捷而又有效的依据，但它也有严重的缺陷，特别是基于下面两个重叠交叉的原因，我们在使用这一数据时需要更为审慎。

第一个原因在于，一方面，GDP 只是对实际经济规模进行一种估算，它所提供的数据并不是严密而精准的。另一方面，GDP 是以西蒙·库兹涅茨为代表的经济学家于 1934 年首次提出，并在宾夕法尼亚大学做了专门讲授后才开始使用的。而提出这一概念只是为了回应美国政府所提出的要求，而非应对大萧条。

从库兹涅茨的言语间可以明显看出，他坚信 GDP 是最能反映客观经济规模实际状况的参考值。

当缺少明确的标准时，人们所具有的将复杂问题简单化的能力就会变得"异常危险"，定量测量尤其如此。所谓的确定性结论往往会让人们想当然地认为它是非常精准且最接近本真的，然而其中却充斥着对认知的误导。对国民收入的衡量会存在幻想和滥用的倾向，特别是在他们处理反社会群体冲突的中心事件时，一个论点的有效性往往依简单化与否而定。①

因此，我们必须将数量增加和质量提高之间的差异、成本与收益的差异以及短期与长期之间的差异深刻印在脑海中。在确定更高的增长目标时需要具体指明这究竟是一种什么样的增长，以及增长的目的是什么。换句话说，标准必须明确。②

第二个原因是，GDP是以无数假设条件为基础而得出的近似值。至于为什么GDP所提供的只是近似值，相信即使通过最简单的方式进行阐释也远远超出本书的研究范围，因而在这里仅举几个例子作为说明。

对GDP的测算只是考虑了成本基础，而没有加入比较难估算的收入流，即投资所创造的流向未来的资产。基于此，长期被排除在外的"知识产权"于2013年首次被纳入成本基础当中，包括制作电影、书籍、艺术品、电视节目以及研发等在内的费用也纷纷被纳入GDP的计算里。除此之外，政府在卫生健康、国防以及航空航天方面所增加的数百亿美元的研发投资，使GDP增加了约5600亿美元。这一庞大的增幅相当于GDP增长了3.6个百分点，几乎接近瑞典2012年所创的GDP（5910亿美元）。

为防止未来环境恶化所进行的投资也需要计算在成本基础之中，

---

① Simon Kuznets, "National Income, 1929 – 1932," 73rd US Congress, 1934, 2d session, Senate Document No. 124, p. 7.

② Simon Kuznets, "How to Judge Quality," *The New Republic*, October 20, 1962, p. 28.

因为那些关于投资收益标准的设定以及相关收益的价值测算会在将来产生重要影响。这也就是为什么众多社会学家，特别是那些专注于环境可持续发展的社会学家坚决反对用 GDP 作为测试发展水平的指标。

此外，家庭所提供的服务以及所生产和消费的物品价值也是非常可观的，即便没有数千亿美元，也足有数百亿美元，然而这些价值也没有被计算在 GDP 当中。从理论上讲，这些服务和商品可以获取其应有的市场价值，但在实践中是缺少可行性的。其他的暂且不说，单就每个家庭为年迈的父母所提供的看护和医疗服务而言，如果以市场价值来衡定也将是一笔巨额开支，然而这些内容也未被列入 GDP 的统计中。

作为便捷的近似值，本书接下来的章节中使用了 GDP 和 GDP 增长率。然而，问题的关键在于我们需要通过变革现存制度来实现这一目标。这些变革包括：一个社会不能只是想着通过生产越来越多的后满足型奢侈品或者其他玩具、饰品等来提升 GDP 增长率，而应更多地关注如何构建更加公平与民主的社会，如何更好地维护现有的自然环境。

第二章
经济失衡挑战民主政治

临近 2009 年，经济危机渐入尾声。有数据显示，美国最富有的 1% 的人凭借其占据的近 50% 的股票份额，在 2009～2012 年获得了股票增长总值的 95%。仅 2012 年一年的时间，那些最富有的 1% 的人的收入就猛增了 20%，而 99% 的绝大多数人，其收入只增长了微不足道的 1%。①

许多数据表明贫富差距已经愈发悬殊，这样的经济状况必然导致社会更加动荡不安以及民众抗议行为的增加。最近发生的一次影响深远的抗议行动"占领运动"就是很好的说明，这一运动源于美国，后又波及许多发达资本主义国家。2011 年 9 月近 1000 人占领了纽约金融中心附近的祖科蒂公园，抗议最富裕的 1% 的人群。尽管这场运动没有真正意义上的领导者，而且参加者的交流和沟通也多是通过互联网及大众传媒进行的，但这一运动很快蔓延到美国 600 多个城市、欧洲 900 多个城市以及日本 12 个城市当中。这充分表明发达国家的贫富差

---

① Emmanuel Saez and Thomas Piketty, *Top Incomes and the Great Recession: Recent Evolutions and Policy Implications*, 2013.

距现象已经普遍引起民众的不满，民众抗议浪潮此起彼伏。

抗议民众的要求在这些地区表现出惊人的相似。他们要求缩小甚至消除横亘于1%的最富有的人群同其他99%的民众之间的贫富差距。但至于如何实现这一目标，抗议者却持有不同的主张。其实，我们可以这样来说，将如此多的民众聚集在一起的力量并非共同的思想意识，而是一种愤怒的情绪和失望的心理。正是由于缺少共同的思想认知，抗议者在寻求解决方案时呈现多元化的特征。大众传媒的报道也可以反映出民众主张的多元性，例如，有些人认为只有废除资本主义制度才能从根本上改变贫富悬殊的现状，另一些人则认为可以通过调节税收或者金融机构等，为资本主义社会注入更多活力，从而避免矛盾的激化。

鉴于思想意识方面的差异，持不同理念的人对"占领运动"的反应是截然不同的。保守派普遍认为，"占领运动"本身就是一种误导。这是因为日益扩大的收入差距是资本主义制度下市场运作必然带来的结果，解决这一问题只能寄希望于经济持续不断的增长，而非所谓的抗议行为。尽管保守派的表述有所不同，但其核心主张却是相似的，他们一致批评"占领运动"，并对米尔顿·弗里德曼（Milton Friedman，20世纪最有影响力的经济学家之一，芝加哥大学教授）和罗伯特·卢卡斯（Robert Lucas，芝加哥大学教授）这两位诺贝尔经济学奖得主的理论主张坚信不疑。

> 一个社会如果将结果的平等置于自由之前，那么这个社会既无力守候公平，也无力捍卫自由。反之，一个社会如果将自由置于优先地位，那么这个社会将收获更广泛的自由和更高水平的平等。①

---

① 〔美〕米尔顿·弗里德曼、罗斯·弗里德曼：《自由选择》，张琦译，机械工业出版社，2013，第148页。

在对经济发展起负面作用的众多因素中，最具诱惑力的，同时也最有害的就是强调分配问题。通过对现有产品进行重新分配以改善贫困人口的生活状况所激发出的潜能根本无力同促进生产所激发出的潜能相比较，在后者面前，前者变得微不足道。①

相反，许多自由派人士则支持"占领运动"，并坚信另外两位诺贝尔经济学奖得主在不平等问题方面的理论主张，他们分别是哥伦比亚大学的约瑟夫·斯蒂格利茨（Joseph Stiglitz）和普林斯顿大学的保罗·克鲁格曼（Paul Krugman）。

20世纪70年代以来"中产阶级"逐渐趋向"空洞化"，这主要表现在他们愈发无力支付对自身及后代在教育方面的投资，也无力创建新的企业或者是改善现有企业的运行状况。华尔街的投机行为促使税收远低于其他形式的收入，这就意味着政府没有足够的资金投向基础设施建设、教育、科研以及卫生事业等关键领域，然而这些领域的发展对于恢复经济动力却有着直接的影响。②

大约从2000年开始，收入分配发生了巨大转变，收入普遍低于一般工资和利润。或许你也曾怀疑过，认为这种状况可能不利于整体经济的发展。事实上，你的怀疑是完全正确的。如果劳动所得占国民收入比重越来越小，那么家庭收入和支出也会随之下滑，尽管企业的利润会有一定程度的增加，但投资动

---

① 罗伯特·卢卡斯：《工业革命：过去与未来》，李志宏译，《东岳论丛》2006年第1期。
② 《纽约时报》2013年1月20日。

力将明显不足，如此恶性循环，使消费处于长期低迷状况。①

　　大众传媒以及图书对贫富差距问题的关注，也从另一个角度反映出人们对经济差异和现有资本主义制度的普遍不满。其中最具代表性的是法国经济学家托马斯·皮凯蒂（Thomas Piketty）所撰写的总计 685 页的长篇学术著作《21 世纪资本论》。皮凯蒂通过对大量数据进行分析，审视了过去 250 年里 20 个西方国家在财富和收入分配方面的状况。出人意料的是，这本书成为美国、日本以及其他很多国家最畅销的图书。该书的英文版由哈佛大学出版社于 2014 年 4 月出版，第一次印刷的 4 万册很快销售一空，第二次又印刷了 2.5 万册。这本书俨然成为哈佛大学出版社成立 101 年以来销量最好的一本书。日译本于 2014 年 12 月同广大读者见面，出版后，同样成为 2015 年伊始非小说类图书中最为畅销的一本书。

　　尽管皮凯蒂的这本书在美国、英国、日本也遭到了一些保守派记者和经济学家的批评，例如对其所使用的数据以及分析方法提出质疑，但是到目前为止，尚不曾有任何批评性的言论能够真正挑战或者撼动皮凯蒂的主要发现及其分析方法。至于皮凯蒂所得出的结论是否正确，客观上人们还没有展开充分的讨论，毕竟对这一问题的争论需要进行大量的技术性探讨。读者对《21 世纪资本论》还是比较认可的，这从互联网上人们对该书所揭示内容及其分析方法的支持，甚至对皮凯蒂本人的支持就可见一斑。针对那些对书中内容以及分析方法的批评，还有对皮凯蒂本人的批评，读者都做出了令人信服的反驳性回应。

　　在这里，我们完整地引用《21 世纪资本论》结论中的一段话，尽管这段话单独用在这里会让读者觉得有些深奥，甚至需要多读两

---

① 《国际先驱论坛报》2013 年 6 月 22～23 日。

遍才能领会其中的内涵，但我觉得还是有必要把它呈现出来。因为通过这段引文，读者可以更加清楚地了解为什么在当代资本主义社会，财富分配差距会日益悬殊。

本项研究所得出的总的结论是：如果放任自流，那么以私有制为基础的市场经济一方面可以产生强大的趋同力，例如对知识和技术扩散所产生的趋同性影响就是如此，另一方面它也会形成强大的分化力量，这种分化力量将潜在地威胁到各民主社会以及作为民主社会基础的社会正义的价值。主要的不稳定因素与如下事实相关，即私人资本的收益率 r 可以在一个较长的时间内显著高于收入和产出的增长率 g。

不等式 $r > g$ 意味着在过去的时间里财富积累的增长速度远快于产出和工资的增长速度。这个不等式表达了一个基本的逻辑矛盾。雇主不可避免地逐渐向食利者转变，他们越来越强势地统治着那些除了劳动力以外一无所有的人。资本一旦形成，其收益率将高于产出的增长率。这样一来，过去积累的财富要远比未来的收入所得要多得多。

财富分配长期动态变化的结果可能非常可怕，特别是考虑到初始资本规模不同会直接导致资本收益率产生显著差异，以及全球范围内正在发生的财富分配的分化，这些因素都在不断加剧财富的不平等。

在阅读上述皮凯蒂著作相关内容的同时，需要对下述问题予以关注，这是很重要的。皮凯蒂是在描述历史事实，并运用他所掌握的调研数据对这些事实进行推断。因而，保守派学者和经济学家对皮凯蒂提出的各种批评很多是出于对他工作的误解，例如，认为他的发现和结论要么无力支持新古典经济学派理论，要么与新古典经济学派理论背道而驰。

现在让我们把目光转向数据和观察结果本身，它们无疑彰显了这样一个事实，即 20 世纪 80 年代以来，所有发达资本主义国家的贫富差距现象都有所加重，时至今日，贫富分化程度已经威胁到这些国家的民主及其经济性能本身。与贫富差距相关的更多数据和调查结果将在接下来对美国、日本、德国以及其他欧洲四大经济体的分析中予以进一步的呈现和讨论，第十章还将对近期货币政策产生的影响进行分析。

美　国

透过社会学家衡量收入差异的指标基尼系数可以看出，80 年代以来，美国的贫富差距逐步拉大。基尼系数是由意大利社会学家科拉多·基尼（Corrado Gini）在 1912 年提出的，是用以判断收入分配公平程度的指标。基尼系数为 0 时，表示人与人之间的收入完全平等，没有任何差异；基尼系数为 1 时，则表示全部的收入都被一个人所占据。因此，基尼系数越高，也就意味着收入分配越发不均等。

基尼系数从 1980 年的 0.372 一跃猛增到 2008 年的 0.451，2014 年统计得出的可靠的基尼系数可以用于国家间比较。上一次美国收入差距达到如此之大的地步还要追溯到 1927 年，当时基尼系数达到 0.458，那时恰恰是美国"镀金时代"的顶峰期，这一时期恰以收入和财富分配急剧扩大而闻名。

以上所述表明，在战后几十年的时间里，随着人们实际工资收入稳步提升，收入差距过大的状况有所扭转，收益分配日趋公平，但这一状况现在又被 20 年代弥漫的收入差距悬殊态势所取代。今天，除了一些新兴经济体，如巴西、墨西哥和中国的基尼系数高于美国外，其他国家的基尼系数都低于美国。尽管从 80 年代开始美国政府便着手调整税收及收入再分配政策，但即便如此，贫富悬殊的现状仍未有所改善。至于美国所采取的税收及分配政策调整等内容，在第五章"美国之政治无力与经济不公"中会进行更加详细的描述。

从另一个角度可以更好地理解贫富差距日益扩大的问题。在1980～2008 年这 29 年的时间里，处于顶端的 1% 的人的收入增加了179%。倘若将全部人口按财富占有量由多到少依次划分为五个部分，那么前 20% 的人的收入增加了 69%，其次分别为 21%、20% 和17%，而处于底层的 20% 的人，其收入仅增加了 6%。由于这里所提供的只是一些平均值，因而毫无疑问的是，有些人会感觉自己的收入不但没有增加反而有所下降，对于底层的 20% 的人来说这种感觉更加强烈。

收入增幅差距是如此之大，最富裕的 1% 的人所占国家财富总量从 1980 年的 10% 迅速攀升至 2008 年的 23.5%。这已经和 1927 年的状况相差无几，当时最富裕的 1% 的人占据了国家总财富的 23.9%。[①]

相反，这一时期贫困人口数量却在稳步上升。按照美国政府的界定，贫困是指"家庭或者个人缺乏维系健康生活的基本用品"，即无力支付健康生活所需的食物、住房和衣服等开支。按照这一标准，1980 年美国约有 3000 万人生活在贫困线以下，占人口总数的 13%。而到了 2008 年，贫困人口达 4350 万之多，占美国总人口的 16%。[②]

2008 年以来，贫富差距仍在持续扩大。自 2008 年 9 月经济大萧条来临后，2009～2011 年，美国家庭净资产收入总额增加了 5 万亿美元，然而所有这些增值都积聚在最富有的 7% 的美国家庭中，这无

---

① Thomas Piketty, *Capital in the Twenty-First Century*, Translated by Arthur Goldhammer, The Belknap of Harvard University Press, 2014, pp. 21 – 23, 245 – 248.

② 美国人口调查局：《美国的收入和贫困》，2014 年 9 月。

疑进一步加深了已经十分严重的贫富差距。2011 年，800 万个家庭的平均净资产维持在 50 万美元以上，而同期的平均净资产总额为836033 美元。随着美国经济逐渐走出萧条，最富裕的 7% 的人的财富总额从 2009 年的 19.8 万亿美元增加到 2011 年的 25.4 万亿美元，增幅为 28%。然而其余 93% 的人却经历了净资产总额的下降——从15.4 万亿美元缩减至 14.8 万亿美元。与此同时，1.11 亿个家庭的财富下降了 4%。[①]

伊曼纽尔·赛斯（Emmanuel Saez）在 2013 年所阐释的内容也有力地证明了贫富差距仍然在扩大的趋势。在指出 2009 年以来平均实际收入增加了 6% 之后，他总结说：

> 然而，这种增长是严重失衡的。2009～2012 年，美国最富裕的 1% 的人收入增长了 31.4%，而其他 99% 的人收入却只增长了 0.4%。因此，1% 的人获取了 3 年经济恢复期收入增长总额的 95%。最富裕的 1% 的人收入在 2009～2010 年迅速增加，2010～2011 年则出现了停滞。但那些处于 99% 的绝大多数人，他们的收入则从 2009 年至 2011 年一直处于停滞状态。2012 年，最富裕的 1% 的人收入猛增了 19.6%，而 99% 的人的收入只增加了 1.0%。总而言之，那 1% 的少数人在危机中所受到的损失已近乎完全得到弥补，而 99% 这一绝大多数人的收入仍未出现复苏的迹象。[②]

---

① The Pew Research Center, "A Rise in Wealth for the Wealthy; Declines for the Lower 93%," http：//www. pewsocialtrends. org/2013/04/23/a-rise-in-wealth-for-the-wealthydeclines-for-the-lower-93/.

② "Striking It Richer: The Evolution of Top Incomes in the United States", *Economics Research Report*, University of California, Berkeley, September 3, 2013.

富人之所以能在经济危机后得以较快、较好的恢复，其中一个重要的原因是他们把大量资本投在股票市场，而股市在 2010～2011 年可谓重整旗鼓，至于其背后的推动力则离不开美联储的超宽松货币政策。其中所涉及的内容我们将在第五章关于美国的论述以及第九章对货币政策的探讨中进一步展开。与那些富人不同，不太富裕的家庭大部分的财富则绑在了他们的房子上，而房地产市场在 2009～2011 年却始终处于停滞状态，未曾得到恢复。结果，在 2011 年，最富裕的 7% 的人平均财富占有量是另外 93% 的人的 24 倍。而在两年前，两者之比还是 18∶1。正如第五章所描述的，步入 2015 年，实际工资水平仍会处于停滞状态，而富人则在超宽松货币政策中持续获益，其结果必然是进一步扩大收入和财富分配方面的差距。

日　本

随着 1991 年经济"泡沫"破裂，日本经济陷入停滞状态。20 世纪 90 年代初，人数不断增多的工薪阶层的工资收入却未曾增加，甚至还有所下降。"有工作的穷人"的数量在 1990～2008 年不到 20 年的时间里从 76.9 万人增加到 100.4 万人，他们的年收入尚且不足 200 万日元（以 100 日元兑换 1 美元计，约合 2 万美元）。而同期，那些收入更低的工薪阶层人数还在稳步增加。

不出所料，在计算了各种收入转移后，日本基尼系数已经从 1991 年的 0.295 稳步上升至 2008 年的 0.323。这一数值远高于经合组织成员国的平均水平 0.316，并成为仅次于美国的国家。日本曾在 20 世纪 50～70 年代经历了战后迅速发展的黄金期，并获得"中产阶级"国家的殊荣，然而在 21 世纪最初的十年中，日本已不再宣称自己是一个"几乎所有人都是中产阶级"的国家了。

日本尽管是世界第三大经济体，但依旧存在着严重的贫困问题。

日本政府将那些家庭收入不及家庭平均收入一半的视为贫困家庭。20 世纪 90 年代起，经合组织就一直把日本列为贫困人口比例较高的国家之一。透过 2011 年的数据更是可以看到，2009 年，15.7% 的日本人，或者说 1.28 亿人口中有 2000 万人都处于贫困状态。而在这一年，经合组织国家民众生活在贫困线以下的平均比例为 11%，日本的情况虽然不算最糟，但在 34 个经合组织成员国中已然排到倒数第六的位置。

正如第六章"经济陷入长期停滞的日本"中将深入讨论的，日本自 90 年代以来贫富差距愈发扩大的主要原因在于他们曾引以为豪的终身雇佣制不断受到侵蚀，终身雇佣制是指雇员一旦被企业录用，就可以一直工作到退休年限。随着经济持续停滞，终身雇佣制已经被突破，越来越多的雇员不得不接受临时雇佣模式，这些临时雇员的收入和待遇明显低于正式雇员，他们非但很少能享受到企业提供的福利，而且没有任何晋升的机会。正是将大量临时雇员也统计在就业范畴之内，政府才有效掩盖了日本高失业率的现实。总务省提供的数据显示，临时雇员比例已经从 2009 年的 32.8% 上升到 2012 年底的 36.1%，2013 年这一数值更是增至 37.6%。在非正式雇员中，女性的比例明显高于男性。以 2013 年临时雇员为例，52.9% 的女性员工为临时雇员，而男性临时雇员的比例是 17.9%。此外，失业青年以及未充分就业青年的总数也始终维持在 2009 年那样的高水平。这一内容在第六章还会涉及。随着临时雇员人数的增加，处于生活"相对贫困"（按照经合组织的标准，所谓"相对贫困"是指家庭可支配收入不及中等家庭收入的一半）状态的家庭比例也从 2009 年的 15.7% 增加到 2012 年的 17%。这在 34 个经合组织成员国中位列第四，前三位分别是墨西哥、土耳其和美国。

尽管自 2013 年以来，日本政府采取了扩张性政策，银行也积极推行激进货币政策，以期增加货币供给。但是绝大多数工薪阶层的实际工资收入并没有得到真正改善，仍然处于停滞状态，而那些富人却在货币政策改革过程中获得极大的好处。相关内容在本书第六章和第九章中还会展开论述。

德　国

尽管 20 世纪 90 年代德国的经济增长不能和战后黄金发展期相媲美，但它的增速还是远高于欧洲其他国家。与此同时，这一成绩的取得也使德国付出了收入和贫富差距显著拉大的代价。

劳动份额（工资和薪金）相对于资本份额（利润和租金）下降的原因主要有两个：一是社会民主党人士施罗德组建的中间偏左政府（1998~2005 年）采取了劳工市场自由化政策；二是基督教民主党人士默克尔组建的中间偏右政府（2005 年至今）采取了促进商业发展的税收和补贴政策。这两点会在第七章中加以阐述。劳动份额与资本份额之比从 2002 年的 71.2:28.2 降为 2005 年的 66.6:33.4，2008 年也基本维持这一水平，为 67.2:32.8。① 其所导致的结果是德国基尼系数（按税后和转移支付后计）一路攀升，从 2000 年的 0.265 上升为 2005 年的 0.285，又在 2008 年跃升为 0.295。在 2000 年时，德国的基尼系数还相对较低，接近斯堪的纳维亚国家的水平，而到了 2008 年，德国基尼系数则仅略低于经合组织国家的平均基尼系数 0.300。

由于政策的变化，工薪阶层更难享受到福利待遇和失业保险，德国人的收入差距从 1995 年开始便不断扩大，特别是在 2003~2008 年，收入差距更是明显扩大。经合组织 2008 年的一份研究报告显示："战后很长一段时间里，德国的收入差距和其他国家相比都是比

---

① The Federal Statistical Office, *The GNP Share Data*, Wiesbaden, 2012.

较小的。但现在，德国的状况已经很接近经合组织成员国的平均水平了……其中没有任何收入的家庭数量的比例从 15.2% 增加到 19.4%。目前，德国已经有近 1/5 的家庭需要不同程度地依靠国家福利来维持正常生活，这一比例在经合组织成员国中是最高的。这里再次强调，德国收入差距增长得非常快，其增速位列经合组织成员国第三位，仅次于匈牙利和土耳其。"①

这份研究报告对 2008 年德国收入分配状况也进行了观察。

在德国，收入最高的 10% 的人，其平均收入是收入最低的 10% 的人的 8 倍，前者控制了总收入的 1/4。与收入分配相比，德国的财富分配更为不均，其中半数左右的国家总资产都被最富裕的 10% 的人收入囊中。德国政府最新发布的财富和贫困报告也表明，处于相对低层的 50% 的家庭只拥有国家总资产的 2%。而与此同时德国破产家庭的数量已超过 300 万个。无数个人或家庭不得不接受平均 2.3 万欧元的债务以及每月不足 900 欧元的收入。

德国经济研究所（Das Deutsche Institut für Wirtchaftsforshung，DIW，位于柏林，是一个独立、非营利性的研究机构）以及众多德国专家的大量研究都诠释着 20 世纪 90 年代以来日益加大的贫富差距。

尽管在按照收入高低划分的社会群体中，一部分人逐渐上升为收入相对高的群体，但更多的人却沦为低收入群体，这使得中等收入群体不断萎缩，富人和穷人的贫富差距持续拉大。如果最高收入群体的人数可以用稳中有升来形容，那么最低收入群体的人数则应该说是急剧扩张。贫穷的人依旧如故，富有的人却更加富有。

截至 2013 年 3 月，仅有 60% 的德国人跻身中等收入群体。这里所说的中等收入是指家庭平均月收入在 860～1844 欧元。而在 21 世

---

① OECD, *Growing Unequal? Income Distribution and Poverty in OECD Countries*, 2008.

纪初，扣除物价上涨因素，这一比例则可达到 66%。同期，有别于中等收入群体的变化，低收入群体的比例（家庭月收入低于 860 欧元）却从 18% 上升到 23%。此外，低收入家庭的平均月收入水平也出现下滑，从 2000 年前后的 680 欧元，跌至 2013 年的 645 欧元。尽管失业率在过去的几年中有所下降，但工薪阶层的平均收入水平却持续下滑。

2013 年春天，14% 的德国人生活在贫困状态中，他们的收入水平不及中等收入群体水平的 60%。与此同时，百万富翁（以美元计）的数量自 21 世纪以来不断增加，并达到 43 万名左右的峰值。2011 年以来，百万富翁的人数更是快速增加，增长了 23 个百分点。通过观察上述内容以及相似的数据，德国经济研究所的研究结论是："这些趋势已经严重影响到整个社会的健康"，因为"不断增长的财富并没有实现战后德国最具凝聚力的口号，即为全体民众带来普遍的繁荣"①。

欧盟其他大型经济体

由于法国和西班牙在一个较长的时间里是由社会民主主义政府执政，这两个国家的基尼系数在 1980~2012 年略微有所下降。法国的基尼系数从 1980 年的 0.298 下降到 2012 年的 0.283，西班牙则从 0.362 下降到 0.347。在经合组织国家中，法国的基尼系数相对低些，西班牙则相对高些。英国和意大利的基尼系数在 1980~2012 年都有增加，前者从 0.322 上升至 0.345，后者则从 0.280 增加到 0.337。

即使在基尼系数略微有所下降的法国和西班牙，亿万富翁、百

---

① The DIW Report on Income Inequality, 2013.

万富翁人数以及其拥有的财富总量自 20 世纪 80 年代以来也都在稳步增加。对瑞士信贷银行、苏格兰皇家银行以及美国著名财经杂志《福布斯》所提供的数据进行调查和整合，可以明显看出，80 年代以来不仅英国和意大利的亿万富翁、百万富翁（即那些投资在 100 万美元至 10 亿美元之间的人）人数持续增加，法国和西班牙也同样如此，2008 年至 2009 年间，这一现象变得更为突出。

80 年代末，人们刚刚开始编译亿万富翁的名单时，从拥有 150 亿美元的美国首富比尔·盖茨到个人财富刚刚跨越 10 亿美元大关的人，这些人在世界范围内也不过 40 位而已。但到了 2012 年，世界范围内亿万富翁的数量陡然上升为 1426 人，其中英国 37 人、法国 24 人、意大利 23 人、西班牙 20 人，与之反差较大的是德国，亿万富翁人数多达 58 人。

通过对上述提及的数据以及其他相关资料进行分析测评，可以估算出 80 年代以来世界范围内百万富翁的总数以及欧盟这四个国家百万富翁的人数。80 年代初，世界范围内百万富翁的人数仅为 1120 万人，英国、法国、意大利、西班牙四个国家百万富翁的总数也不过 443796 人。然而，到了 2013 年，世界上的百万富翁已高达 2710 万人，这四个欧盟国家的百万富翁也上升到 121.6 万人。这意味着世界上百万富翁总数已是 80 年代的 2.42 倍，与之相仿，这四个欧盟国家的百万富翁人数更是迅速上升，是 80 年代的 2.74 倍。就每个国家具体情况来说，2013 年百万富翁人数分别为：英国 48.5 万人，意大利 30.8 万人，法国 28 万人，西班牙 14.3 万人，德国 43.6 万人。

在欧盟这四个国家中，百万富翁所拥有的财富占本国总财富的比例从意大利的 27% 到西班牙的 17% 不等，德国这一比例则为 20.8%。透过这些观察结果，我们可以得出这样一个结论，即尽管欧盟这四个国家的基尼系数远低于美国，但自 80 年代以来，这些国家最富裕人群的数量以及他们的财富所占国家财富的比例都在不断上升，并且以越来越快的速度在增长。即使在大萧条和欧元危机发生之后的几年中，情况依旧如此。

然而，当亿万富翁和百万富翁的人数自 1980 年开始在这四个国家中稳步上升时，贫困人口也在持续增加。依据欧盟委员会对贫困的定义，即按家庭收入低于中等家庭收入的 60% 来计算，2012 年，这四个国家中处于贫困状况的家庭的占比分别为：法国 13.5%，英国 17.1%，意大利 18.2%，西班牙 20.7%，与之相应，德国这一比例为 15.6%。当我们采取法国的 Inequality Watch 标准时，"极度贫困"——家庭收入低于中等家庭收入的 40%——人口的数量自 80 年代以来也是在不断增加的，直至 2012 年这四个欧盟国家中，"极度贫困"家庭的占比分别是：法国 3.7%、英国 5.5%、意大利 6.2%、西班牙 9.8%，而德国的这一比例为 4.0%。

深入研究西班牙的状况，有助于我们更好地理解贫富差距不断扩大的现实。上文已经提到，西班牙有 20 个亿万富翁，14.3 万个百万富翁，此外 2012 年西班牙中等家庭的平均收入为 47477 美元。这就意味着中等家庭收入的 40% 仅有 18991 美元，而 2012 年西班牙有 460 万个家庭生活在收入低于 18991 美元的境况中。即使不去深究日常必需品的支出费用，也不难想象在这样一个收入状况下低收入家庭满足生活所需的窘迫。本书第八章关于这四个国家的具体论述中，将通过分析 80 年代以来这些国家的经济表现和经济政策，以进一步讨论收入和财富分配不均现象持续增加的问题。

第三章
资本主义国家深陷环境危机

本章以我的亲身经历为开端，对复杂的环境问题进行简短的、有选择的概述和总结。这是因为亲身经历会使人对环境危机的严峻性有更加深刻的印象，这些印象远胜于阅读文献或者聆听相关信息所能达到的效果。

2007年7月，我和妻子住在瑞士的格林德瓦。每当夏季到来的时候，我们通常会在这里居住。我们租住在高出海平面1100米的公寓里，面朝3970米高的著名的艾格峰北坡。山谷和我们的住处之间相隔约3公里。

一天清晨天刚蒙蒙亮，我们就被从艾格峰方向传来的雷鸣般的声音所惊醒。接下来的场景让我们为之震惊，向山那边望去，一个巨大的灰色尘云从山的东部边缘升腾而起。无数的岩石，其中有些体积巨大，混杂着大量的沙砾和灰尘瀑布般地坠入山谷底部的小河。很快，尘云飘到了西面，笼罩了村庄的房屋。噪音及岩石和泥土的崩塌持续约半小时才逐渐停止。随着尘云渐渐消散，我们发现曾一度矗立在艾格峰东部边缘的、如帝国大厦般高大、如石笋般巨大的岩石柱已经一去不复返了。

在这一天晚些时候，我们从当地媒体和居民口中了解到如下信息。早上所发生的事情并非 20 世纪 90 年代以来每隔几年就发生一次的最大的山坡坍塌之一；"引起坍塌的主要原因是支持艾格峰东侧数百年的冰川的融化速度在加快"；"目前的冰川总量不足几十年前的 1/3"；"据专家最保守的估计，至少有 10 万立方米的岩石、沙砾和泥土坠入谷底"。

对我们来说，这可谓是"眼见为实"。我们亲眼看见了气候变暖的危险，全世界也正面临着史无前例的危机。

有了这样的经历，就不难理解肯尼斯·张所撰写并刊载于 2014 年 5 月 19 日《纽约时报》上的文章《大融化加速》的真正内涵：

> 从现在算起，数百年以后，南极西部一大片冰盖地区很可能会消失，数万亿吨冰的融化，将导致原本已经膨胀的海平面上升 1.22 米。科学家上周报道说，这种现象可能是无法避免的，新的研究结论认为一些巨大的冰川已经超过了不归的临界点，它们很可能会引发连锁反应以致毁灭其他冰原。许多研究已经暗示，即使全球变暖立即停止，地球气候的变化也已经达到了临界点。

之所以讨论发达资本主义国家进行系统性变革的必要性，是为了有效应对环境问题。本章将介绍如下内容：简单回顾 60 年代以来人们的环境危机意识日益增长的历史；《第五次年度评估报告》相关内容的简明摘要，以及政府间气候变化专门委员会、联合国政府间气候变化专门委员会发布的 2014 年最新报告的简明摘要。这是关于评估气候变化的科学研究、社会经济信息以及相关数据报告的最新内容，这些报告分析了持续的气候变化所产生的潜在影响以及如何减缓正在发生的气候变化，同时讨论了采取多种政策以制止环境进一步恶化的原因，还包括一个由部分学者和环保主义者所进行的关于"逆增长"参数的简短讨论。这些学者和环保主义者提议要缩减GDP 的规模以保护环境。

雷切尔·卡森所著的《寂静的春天》出版于 1962 年，该书揭示了农药及其他污染所带来的环境危害。几年的时间，此书在美国就销售了 150 多万册，并被翻译成 20 多种文字。这本书引起西方、日本以及其他地区对环境问题的认真讨论。在接下来的半个世纪里，诸多相关著作相继出版，人们举办了无数场国际会议，开展了越来越多的有关环境问题的研究。

对这些努力的一般特征以及希望达到的目标进行详细考察，可清晰地将 20 世纪 80 年代所做的事情做如下概述。其工作重点在于揭露环境持续恶化所带来的严重后果，以及分析如何在确保环境可持续发展的同时保持经济增长的最佳状态。

然而，这些分析的前提是预设现存资本主义制度保持不变。这一观点甚至适用于《增长的极限》一书，该书由罗马俱乐部于 1972 年出版（罗马俱乐部由一群科学家和商界领袖所构成）。此外这一观点也适用于联合国于 1987 年出版的布伦特兰报告，即《我们共同的未来》。后者出自 1983 年创设并以挪威前首相布伦特兰夫人为首的世界环境与发展委员会。

但是，随着 20 世纪 90 年代的到来，针对环境问题所做的所有努力远未能有效阻止日益恶化的环境状况。这一现象已经变得越发明显。尽管有数不清的报告、专家以及环保人士不断警告人们，气候在持续变暖，水污染和空气污染在持续增加，严重的自然灾害正变得日趋频繁，生物多样性面临损失，环境恶化已带来许多其他后果，但情况却依旧没有得到改善。越来越多的人敏锐地意识到必须扭转环境恶化的趋势，更有一些人，如支持经济"逆增长"人士要求变革资本主义制度。

为解决环境问题，国际社会也仍在不懈努力。最著名的是《京都议定书》的签署，为了通过限制二氧化碳排放量以阻止全球变暖，197 个国家在 1997 年签署了该议定书。然而，由于一些最大的污染制造者，如美国及一些发展中国家并未签署该协议，因而它的效力不足以扭转全球变暖的趋势。步入 21 世纪以来，许多国家乃至整个国际社会都在试图减缓环境退化。因此，在发达资本主义国家，空气和水污染以及其他类型的环境恶化已然有所减轻，但迄今为止所取得的成绩仍非常有限。

随着 21 世纪第二个十年的开启，没有任何一个坚守客观标准的观察者会否认世界正在快速接近临界点，一旦达到临界点，倘若国际社会不立即采取重大举措，那么环境危机的发生将不可避免。政府间气候变化专门委员会长达 6000 页的《第五次年度评估报告》已对上述事实进行了报道。这一年度考核报告由世界上顶尖的 800 名科学家和其他专家共同编制而成。为简洁和清晰起见，以下是对报告摘要部分的转述（源自《第五次年度评估报告》之《政策制定者概要》部分）。

《第五次年度评估报告》的核心内容是避免气温升高 2℃——一旦上升 2℃ 将会导致灾难性的后果——为此，全球排放量到 2050 年需减少至今天排放总量的一半。这就意味着，除非世界各国立即着手制定一个关于减少二氧化碳排放的强有力的协定，否则世界环境将超越临界点，从而招致无法挽回的后果，那时无论做什么也都无济于事了。该评估报告的核心内容概述如下：

（1）气候变化导致一些独特的生态系统和文化已经处于危险之中。当气温再升高约 1℃，这种处于危险中的系统数量也会随之增加。倘若气温再升高 2℃，许多适应能力有限的物种和系统就会濒临危险境地，特别是北极海冰和珊瑚礁生态系统更易遭到破坏。

（2）随着气温上升1℃，极端热浪、极端降水以及沿海洪水这些与气候变化相关的灾害已经达到中等程度。温度若进一步提高，与某些类型的极端事件相联系的风险，如极端高温或洪水泛滥，将会增加。

（3）全球变暖的风险分布并不均衡，无论国家发展水平如何，其中弱势群体所面临的风险通常都更加严峻。特别是由于区域间不同的气候变化影响农作物的生产，这种风险已经达到中等程度。由于区域作物产量和水资源可利用量减少，以及风险分布不均衡，倘若气温提高2℃及以上，全球将面临灾难性的后果。

（4）当气候变暖，气温提高1℃～2℃时，全球气候变化对生物多样性及全球经济的影响所产生的风险尚处于中等程度。但如若发生气温上升约3℃的情况，那些与商品和服务相关的生态系统一旦被破坏，全球将面临大规模的、无可挽回的生物多样性的损失。

（5）随着气候变暖，一些自然系统或生态系统很可能会突然陷入危险境地，并出现不可逆的转变。随着气温上升，风险的增加是不成比例的，气温提升1℃～2℃会带来一定程度的影响，当气温提升3℃及以上时，其影响明显增强，这是因为潜在的、大规模的且不可逆转的冰盖融化致使海平面上升。如果气候持续变暖，气温提升超过临界值3℃，格陵兰冰盖则会在千年之后几近消失，进而导致全球海平面上升7米。

《第五次年度评估报告》的这些发现意味着全球会产生一种现象，即下文提及的因气候变暖而引起的常规洪水风险。如果全球不尽快共同努力以削减碳排放量，那么至少会有1.77亿人——大多数集中在亚洲（中国约有 5000 万人）——会在 21 世纪末遭遇频繁的洪水灾害。这还是排除了世界上大量生活在低地和岛国的人口（如荷兰、孟加拉国和马尔代夫）以后的数据，因为他们正经受着频次不断增加的洪水灾害。[①] 自然，洪水危及人们生活的同时，也会导致高额的经济损失。例如，一批哈佛学者估算，"到 2050 年，美国会有价值 660 亿～1060 亿美元的财富随着海平面上升而石沉大海"。他们还注意到，"如果这些数字只起到向导的作用，那么实际带来的破坏将会更加严重"。[②]

尽管该评估报告提供了一些数据并有新的发现，但国际社会需要做的还有很多。可以肯定的是，由于一些国家在保护环境方面所做的努力无论在决策领域还是司法领域都取得了些许胜利，因而其他很多国家也纷纷推出了大量的环境保护政策。然而，气候持续变暖所反馈的内容已然清楚表明，今天所取得的成效远不足以扭转环境日益恶化的大趋势。显然，在这场抗击环境恶化的战争中，鉴于如下事实，发达资本主义国家应该承担更大的责任。

如果以吨为单位来计算 2012 年的人均碳排放量，那么几个主要国家的排放量分别是：美国，16.4；日本，10.4；德国，9.7；英国，7.7；中国，7.1；印度，1.6（数据源自 2013 年欧盟委员会的评估）。而且自迈出工业化的步伐以来，发达国家的二氧化碳排放量就在持续增加。

但问题的关键在于为什么发达国家至今都不曾采取有效的政策以扭转环境恶化的趋势，特别是减少对环境影响巨大的二氧化碳排放量。

原因在于许多政治家、商界领袖以及选民认为如果采取强有力

---

① "Flood Risk from Climate Change," *The New York Times*, September 21, 2014.

② "Higher Water Mark," *The Economist*, January 17, 2015.

的环保政策，那么他们的政治权利、商业利益甚至收入等都会受到消极影响。正是他们的短视致使有效的环保政策无力推行，而这些政策恰恰是阻止未来几十年间环境逼近临界点所必须推行的。

这一可悲且短视的认知结果出现的原因在于，发达资本主义国家始终沉迷于下列辩词之中。

（1）迄今为止所有科学研究结果都未曾有力地证明人类的行为应该为气候变暖以及许多其他环境恶化现象负责。这就意味着没有理由以牺牲经济增长为代价来转移更多的资源去保护环境。

（2）所谓科学结论所显示的保护环境的紧迫性，即我们应该为保护环境做更多的事情，不过是自由党精心设计的骗局罢了。无论科学结论如何，采取过多的举措来保护环境，势必会导致资本主义生产效率的降低，而对于经济增长来讲效率是必不可少的内容。

（3）既然那些发展中国家，如中国、印度等也在以更快的速度且大规模地引发环境问题，就更没有理由要求发达国家通过牺牲经济效益来采取更多的环境保护举措了。

第一点要么是虚假的怀疑论，要么就是愚昧无知的反科学理论，因为压倒性的科学论据已经证明了其对立面的正确性。这就像在1994 年 4 月美国国会所上演的一场厚颜无耻的"战争"一般，当时美国最大的烟草公司的七名 CEO 竟矢口否认尼古丁会使人上瘾。

第二点不过是他们出于意识形态考虑或者政治、经济利益考虑而编造出的一个迫不得已的计谋或骗局。"资本主义工作效率"可谓是隐藏其短视的、个人利益的一种折中手段。

与第一点和第二点相关且值得注意的是，2015 年 1 月 21 日，美国参议院否决了一项"共同措施"决议（这些决议通常会附属于某一法案，以表明它是参议院的共识）。此决议附属于一项输油管道方案（即人们所说的拱心石 XL 输油管道方案，这一管道将碳密集地区加拿大阿尔伯塔省的油砂运往美国墨西哥湾地区的炼油厂）。就这项措施提及的内容来看，其认为"气候变化是真实存在的，而且人类行为对这一变化产生了深远的影响"。针对该决议的投票结果为50:49，低于法案获准通过所需的60票底线，因而未能获准通过。在这场投票中，共和党参议员的主张深受参议院委员会主席的影响，而在环境问题上，共和党参议院委员会主席坚定地"捍卫"着多年前的主张，即认为气候变化不过是自由派的一场骗局罢了。

第三点更是荒唐的，因为发达国家自18、19世纪步入工业化社会以来，直到几十年前，它们都在无限制地污染环境，致使环境愈发恶化。此外，这一辩词还忽视了另一个重要的事实，那就是就消耗的资源来讲，今天发达国家的人均能源及其他资源的消费量至少是新兴国家人均消费量的10倍乃至100倍还多。

正如上文所看到的，强烈支持环境保护政策的人在同反对环境保护的人所进行的一系列小规模争论、斗争中取得了越来越多的胜利。然而，尽管在每一个发达资本主义国家，环保人士所获得胜利的清单都在持续加长，但毫无疑问这些胜利还远远不够，因为正如2014年政府间气候变化专门委员会发布的《第五次年度评估报告》所清晰表明的，斗争本身正在消失。

发达资本主义国家能够采取充分而强有力的环境保护政策吗？又或者如那些赞成现行经济体制但反对资本主义的人所说的，资本主义在本质上是不是就与环境可持续性不相容呢？

本书做出了这样的回答，即只有当制度发生变革时，资本主义这一最为高效的经济体系才能持续存在，也才能与环境的长期可持续性相适应。为支持这一论点，某种巨额投资——为避免环境濒临临界值所需投入的总资金——就显得非常重要。要满足如此庞大的资金投入，资本主义经济必须以必要的速度稳步增长，唯有这样才能避免因经济增长缓慢而带来严重的政治和社会影响。

政府间气候变化专门委员会发布的《第五次年度评估报告》认

为，大幅度削减排放量需要对投资模式进行大的调整。作为缓解方案，需要改进矿物燃料和再生能源的相关技术和生产，以稳定大气二氧化碳浓度到 2100 年能维持在 430ppm 到 530ppm（即每百万大气分子中二氧化碳分子的数量）这一范围。此外，需要额外追加年均约 1770 亿美元的全球投资，且这一投资需持续到 2029 年（见《第五次年度评估报告》第 1、2、13、31 章）。在接下来的十几年里，平均每年投资总额为 5130 亿美元。

值得注意的是，这笔巨额投资，绝大部分都必须由发达资本主义国家来承担。这就意味着，如果制度发生变革，那么发达资本主义国家就可以使它们的投资同时达到两个目标：一是防止环境进一步恶化并避免越过临界点；二是投资所创造的需求将有所增加，进而极大地促进经济在未来几十年的增长。

在讨论环境问题的时候，我们有必要简单说一下那些在过去几十年里主张逆增长的人们的观点。这种观点最早出现在法国，表述为 décroissance①，于 20 世纪 70 年代早期由尼古拉斯·乔治库斯 - 罗根（1906～1994 年，美籍罗马尼亚数学家和经济学家）提出，其他一些学者也在法国和西班牙出版了大量相关著作。尽管这一观点存在内在的矛盾，且分析也缺乏严谨性，但他们在质疑经济增长的可行性和有利条件方面却提出了不同的见解。而这些内容与罗马俱乐部 1972 年所提出的内容在很多方面都表现出高度的相似性。

然而，逆增长运动已经退化成为一种理论与实践自相矛盾的运动，甚至已经变得微不足道。其主要原因在于在这场运动中占支配地位的是反资本主义人士。事实上，参与这一运动中的每一个成员都一门心思主张要削弱 GDP 指标在衡量现今发展状况时所占据的分量，而全然没有考虑到只有具备一定经济收益后才能实现对未来的

---

①　即逐渐减少，逐渐下降。——译者注

投资，同时他们也忽视了在第一章结尾处所提及的 GDP 的其他一些缺陷。

仔细审查逆增长运动会议所形成的报告，可以对以上有关逆增长运动的评价提供有力支撑，该会议每两年举行一次，历次会议的举办时间和地点分别是：2008 年，巴黎；2010 年，巴塞罗那；2012 年，威尼斯；2014 年，莱比锡。每次会议参加人数为 500～800 人不等。在刚刚举行过的两次会议中，就目标问题展开的争论，尤为突出地体现了这一运动内部所存在的理论和实践间的矛盾。这些争论包括很多内容，如：促使本国货币升值；向非营利的小型企业转型；减少工作时间，增加志愿活动时间；采用建立在极值范畴内的基本收入保障和收入上限制度；从驾车出行向更具乡土化气息的自行车出行与步行过渡；禁止在公共场所进行广告宣传（在互联网上可以很容易地找到历次会议相关报告）。

以上观察结果及有关论述已清晰表明，正如《第五次年度评估报告》所记述的，同发达资本主义国家理论上在环境保护方面必须承担的责任相比，它们现在所实际履行的还远远不够。也正因为如此，类似于逆增长这样的运动才会发生。所以，在第五章至第八章讲述美国、日本、德国以及欧洲其他四个国家时，主要任务就是对这些国家的政治经济状况进行充分且详细的论述，进而说明为什么强烈呼吁采取更多举措以保护环境的声音始终都会遭到现有资本主义体系的反对。

第四章
经济学和经济学家的弱点

经济学家和政治哲学家的思想，无论正确与否，其影响力都超乎我们的想象。事实上，世界正是由这些思想所统治。那些自诩对学术理论免疫的实践者们，往往是那些已故经济学家们的奴隶。

——〔英〕约翰·梅纳德·凯恩斯：《就业、利息和货币通论》，魏埙译，商务印书馆，2006，第24章。

本章认为，凯恩斯所说的那些对实践者产生重大影响的经济学家的思想，未能帮助发达资本主义国家重振经济，原因有二：一是经济学科在根本上的失败；二是经济学家主张在现有资本主义制度范围内进行如第一章所说的"箱内"操作。二者构成了发达资本主义国家持续采取不必要的延长经济疲软现状的政策并造成严重后果的重要原因。

经济学的根本弱点是众所周知的。新古典主义经济学专注于研究一个经济体如何做到尽可能有效地生产更多的商品和服务。而今天，几乎所有的经济学家都在接受新古典主义经济学的培训。这意味着经济学是一门这样的学科，即其认为促进经济尽可能有效地增长是势在必行的。基于这个原因，经济学家通常无法区分这样两类不同的事物：一是在 20 世纪 80 年代所实现的促使人们生活状况达到一种较高水准所需的商品；二是奢侈品及不必要的商品和服务。这一致命缺陷导致经济学家提出或支持那些有助于增加商品和服务总量的政策，即便这些政策会导致收入和财富分配不均。这些举措反过来会对民主构成威胁，而且也会从包括环境恶化在内的多个方面对社会未来发展产生不利影响。

市场在经济学中起着核心作用。但市场结果反映的只是现有收入和财富的分配，而且市场参与者中也不包括子孙后代。这就意味着，经济学接受现有的收入和财富分配，且并不保持价值中立或意识形态中立。经济学在分析子孙后代的需求和利益方面是无能为力的，例如为了后代的利益而保护环境、不要给后代留下巨额国债，这些都是做不到的。当然，也有经济学家意识到了这一学科的缺陷，并为此做出了一些解释。但是他们的分析并非主流，占主流的经济学分析认可现有的收入和财富分配状况，而且这一认知通常还会被抽象的数学模型建构所强化。这些模型忽略了这样一些事实，那就是很多市场没有竞争力、市场参与者中也排除了子孙后代，此外，市场参与者对信息的掌握也非等量等质。

正如我们在第九章中将进一步讨论的发达资本主义国家货币政策，经济学中缺少促使经济学家讨论宏观经济问题的相关理论，这些宏观经济问题包括财政及货币政策的影响等。相反，经济学家仅局限于主观判断和一厢情愿的想法，这些想法反映了单个经济学家的思想倾向。由于缺少一个既定的、不受意识形态牵绊的宏观经济理论，经济学家和中央银行家们（几乎所有的中央银行家都是经过专业训练的经济学家）在看待财政和货币政策的效能及代价方面存在显著差异。

下面三个例子显著地表明经济学缺少一个共同的、不受意识形态牵绊的宏观经济理论。

首先来看第一个例证。2013 年，三位美国经济学家因在资产价格的实证分析方面做出贡献被授予诺贝尔经济学奖，他们都是宏观经济学的领军人物。尤金·法玛（Eugene F. Fama）的研究证明，或许我们无法预测资产（股票、债券、房地产等）在短期内的价格，但是从长期来看，自由市场会有效发挥其作用，避免资产价格"泡沫"的出现。法玛和其他学者提出的这一理论被称为"有效市场假说"，于 20 世纪 60 年代末深化并被提出，这一理论为政治、经济领域保守的"实践者"在 80 年代成功实现对金融市场放松管制提供了重要理论基础。今天，已经很少有人再怀疑放松管制是 2008 ~ 2009 年经济大衰退并带来严重后果的主要原因。①

与之形成强烈反差的是第二位诺贝尔经济学奖获得者罗伯特·希勒（Robert J. Schiller）。希勒认为，由于存在个体心理和群众心理，资产价格将随着时间的推移以可预知的方式发生变化，而且资产价格泡沫的确会发生。第三位诺贝尔经济学奖获得者拉尔斯·彼得·汉森（Lars P. Hansen）擅长对宏观经济数据进行高度复杂的统计分析。汉森认为，在他的研究领域，宏观经济已经取得了"一点点进步"，但"要做的事情还有很多"。

值得注意的是，法玛和希勒的分析在根本上是矛盾的，而汉森对宏观经济理论的理解也不过处于初级阶段。

下面来看第二个例证。由美国联邦储备银行发起，于 2014 年 8 月在怀俄明州举行的年会上——美联储主席通常都会参会的杰克

---

① "有效市场假说"含有一些重要警告，例如，那些与其他人相比拥有高质且多量信息的人，或者那些能够更好地分析经济形势的人，可以在短期内"打败"市场。尽管"有效市场假说"是技术含量很高的理论，但是尤金·法玛在发表于《金融学杂志》1970 年第 25 期上的文章《有效资本市场：理论和实证研究》中仍有着与众不同的论述。

逊·霍尔（Jackson Hole）央行年会——美联储主席珍妮特·耶伦（Janet Yellen）指出：由于劳动力市场仍然受到劳动者要求适度提升工资水平的冲击，再加上还有数百万人处于失业或非充分就业状态，目前仍然需要以超低利率的形式为国家经济提供援助。因此，当通货膨胀尚未成为一个问题时，现行货币政策应尽量保持不变。

然而，与该会议有关的新闻报道透露，与会经济学家对耶伦的讲话做出了两种截然不同的反应。保守派经济学家，如"鹰派"人物哈佛大学经济学教授、曾在里根政府时期担任经济顾问委员会主席的马丁·费尔德斯坦（Martin Feldstein）就表示非常担心，认为如果不放弃现行货币政策就会很快产生严重的通货膨胀。与之相反，自由派经济学家，如美国劳联－产联首席经济学家威廉·斯普里格斯（William Spriggs）评论说，"通货膨胀并不会付出如失业等的代价。由于我们距离充分就业还十分遥远，因而短时间内，通货膨胀达到3%或者4%，甚至4.5%，也都是可以接受的"。①

第三个例证是美联储和日本银行之间的冲突。由于社会上公布了两个银行的政策会议记录，我们得知在美联储的政策会议上，10位投票人员中的3位在过去的几年里始终是持反对意见的。而在2014年11月举行的日本银行会议上，当银行决定购买更多的政府债券以及其他金融工具以增加货币供应时，政策制定委员会的投票结果却为5∶4，而且有两个持不同意见的成员继续公开大骂这一决定。②

如果仔细回顾一下20世纪70年代和80年代经济学方面的学术刊物，就会发现自由派经济学家很少有批评法玛和其他学者所提出

---

① "As Conference Ends, Economists Give Clashing Views," Yahoo News, August 24, 2014.

② 《朝日新闻》2014年11月24日。

的"有效市场假说"理论的。即使有批评的意见，也格外缓和。他们几乎没有怀疑过 20 世纪 80 年代所进行的放松金融市场管制是一个重要手段。

自由派经济学家对"有效市场假说"的批评声音很少而且又比较缓和的原因是显而易见的。对自由派经济学家来讲，批判这一假说是很困难的，因为事实上这一假说强烈地支持着自由派经济学的学科基础，即"市场有效论"。而且，它还构成了所有经济学家的文化基础，这使得绝大多数自由派经济学家都没有信心去批判法定最低工资、消除因性别差异而引发工资待遇差异的相关法律，以及强化工会组织的法律条文。

我们可以详细谈论一下经济学家倾向于依靠抽象的、高度精确的理论分析的原因。尽管理论分析有其自身价值，但是这种学科导向使很多经济学家高估了理论分析的意义，他们的理论依赖各种不同的评论，通常建立在非现实的假设及数学模型之上。这在自由贸易政策方面表现得尤为突出，几乎所有的经济学家都支持自由贸易政策，但又受制于现实生活中的激烈争论。关于经济学家的这一失败，法国经济学家托马斯·皮凯蒂在其著作《21 世纪资本论》第二章中已经做了恰如其分的探讨：

坦白地说，经济学这一学科尚未摆脱对数学、纯理论以及投机思想幼稚般的迷恋，这是以牺牲历史研究以及同其他社会科学的合作为代价的。经济学家总是过多地关注那些关涉他们自身利益的细小数学问题。这种对数学的迷恋使他们披上科学的外衣，然而却无须回答并提供解决我们生存的世界所提出的那些复杂问题的最便捷的途径。

此外，在东京大学教授经济学，并因在社会科学和哲学领域广泛发表文学评论而闻名的村上泰亮（Yasusuke Murakami），也对经济学的局限性进行了探讨。他写道：

> 作为一种科学理论的经济学出现了问题且经常偏离客观现实。然而，它已经转变成一种被命令需要尊重的理论。经济学中演绎推理的有效利用使它成了一个可以自行决定辩论结果的独立理论。但是，随着马克思主义经济学成为社会主义国家的经济理论，在资本主义经济中，与市场有效性相关的新古典经济学的演绎推理在形成了一种仿若怪兽般的特征后宣告结束。①

显然，经济学家通过其学术影响，即他们在著作和言论中呈现的毋庸置疑的"体制框架内"之变革设想，使"实践者"成为"奴隶"。无论自由派还是保守派，几乎所有的经济学家都倡导通过税率变动、财政和货币政策调整以及市场监管来支持政府在经济领域中扮演更小或更大的角色。下面关于"箱内"分析的三个例证就明显地体现出这一点。

前两个例子分别揭示了20世纪30年代美国经济的可能性以及今天所面临的长期经济停滞问题。

第一个例证是美国经济学家阿尔文·汉森（Alvin Hansen，1887 ~ 1975年）在其著作《全面复苏还是停滞?》（1938年）中提出的观点。他认为，随着技术变革和人口增长的步伐日渐放缓，刺激经济增长的主要元素也在日渐减少，在这种情况下，美国经济已然陷入"长期停滞"。他对美国资本主义所表现出的这种悲观情绪是可以理解

---

① Yasusuke Murakami, *Sangyou Shakai no Byori* (The Pathology of Industrial Economies)，Chuo-Koron Publishing Co. , 2010, p. 347.

的，因为他从理论上阐明了美国在大萧条时期以及战后几十年经济快速增长之前所经历的剧痛。毫不夸张地说，作为"美国第一个凯恩斯主义者"，汉森主张政府扩大赤字开支以刺激需求，进而缓解大萧条所造成的灾难。

第二个例证是由担任奥巴马总统顾问，同时也是哈佛大学经济学教授的劳伦斯·萨默斯（Larry Summers）和其他学者共同提出的一个观点。他们认为，发达的经济体，尤其是美国，经济已经进入长期停滞阶段。萨默斯所提观点的核心内容是，一系列结构问题的存在，诸如技术进步对技能的要求与现有技术不匹配、税收抑制及维持一项致力于使经济增长保持在一个必要水平的政策所面临的困难等，注定使今天的资本主义陷入停滞。也就是说，采取赤字财政政策的凯恩斯主义刺激方案既有政治方面的困难，也有现实方面的困难，而且刺激需求的必要利率也会促使"泡沫"经济的出现。在萨默斯近期所撰写的众多文章中，一篇发表于 2013 年 1 月 5 日《华盛顿邮报》上的名为《可持续发展策略》的长文，以简练的笔调将他的观点阐述给了非经济学家们。

以上概述清晰呈现了萨默斯的观点，他的分析和本书对资本主义在各个方面停滞的分析是相吻合的。然而，萨默斯的分析显然是"箱内"分析，他未能注意到需求的增加已经变得不那么重要了，这是因为消费饱和后时代的需求增长已经放缓，而且在现行资本主义条件下，除非彻底进行系统变革，否则扩大政府开支几乎是不可能的。

第三个例证是诺贝尔经济学奖获得者、美国经济学家保罗·克鲁格曼（Paul Krugman）所给出的分析，他以其自由派主张而闻名于世。下文是对克鲁格曼部分观点的摘录。括号中的插入语用于总结或澄清相关引文，以缩小引文的长度。

虽然新的观点和主张（以供给学派经济学为基础，坚持财政紧缩政策以提升投资者必要的信心，另外还有经济增长率）遭受挫败，但之前的经济学（凯恩斯主义经济学）正变得越来越强大。（此处省却的大段内容描述的是：尽管出现庞大的财政赤字，但利率仍保持在一个较低的水平；尽管联邦储备局大规模地认购债券，但通货膨胀仍维持在一种相对温和的程度；此外，大幅削减政府开支并没有拉动个人消费，这和财政紧缩政策支持者所预测的恰好相反。）问题的关键在于，宣称那些政策失败这一做法本身就是错误的，因为这些经济理论原本就没有给政策制定者提供所需的指导。事实上，如果政策制定者能够认真去倾听，理论已经给出了完美的指引。遗憾的是，他们并没有用心去聆听。①

这些经济学家和其他经济学家一样，都是在各自的研究领域中进行"箱内"探讨。他们并不知道究竟应该怎样做才能从根本上改变现有的政治经济制度，以使唯一可以接受的政治制度即民主同最有效的经济制度即资本主义实现持久而完美的结合。

下面通过多角度的观察来总结一下本章的内容。

今天已经很少有经济学家再去质疑凯恩斯主义财政政策能够促进需求增长以减少失业、重振经济的事实。对于应对二战结束后开始的周期性衰退而言，凯恩斯主义政策是有效的，以至于到了70年代，大多数经济学家都变成了"凯恩斯主义拥护者"。

然而，即使肇始于2008年的经济危机爆发后，多数保守派经济学家仍然强烈反对凯恩斯主义的赤字财政政策。不像多数经济学家

---

① Paul Krugman, "Old-time Economics Would Have Served Europe Better," *The New York Times*, April 18, 2015.

那样为居高不下的失业率，特别是长期失业率而倍感忧虑，一些经济学家跨越时空，认为一旦衰退结束，政府不需要对赤字财政政策进行干预，失业率"早晚"都会下降。他们反对赤字财政中的政府支出，因为赤字早晚都要由纳税人予以偿还，可采取的方式如提高税收利率或实行通货膨胀，其实后者不过是变相提高税收罢了。此外，过高的税收也会削减经济发展的能力，这样也就限制了通过投资实现经济增长的可能性。

绝大多数保守派经济学家直到今天仍然认为削减赤字是实现经济复苏最重要的方式，而且还可以减少失业人数。他们认为平衡预算，同时削减国债，有助于使商业环境中的不确定性最小化进而促进投资增加，这是发达资本主义国家经济复苏的关键之所在。这些经济学家甚至在经济持续处于低迷状态的情况下，仍然主张实行货币紧缩政策。即使这一低迷状况伴有严重的政治和经济后果，他们也依旧不改初衷。这些经济学家仍然继续影响着包括政治家、商人以及众多选民在内的"实践者"。

下面几章中我们将把目光转向对美国、日本、德国以及欧洲其他四个国家的研究。接下来的四章内容概述了为什么这些国家的经济会在20世纪80年代后陷入长期停滞，它们又是怎样陷入这一局面的。这些概述也将告诉我们为什么保守派经济学家是错的，以及为什么第三次系统性变革势在必行。

第五章
美国之政治无力与经济不公

为了使本书的读者——也是选民相信，对发达资本主义国家现行体系进行系统性变革是可行的，也是应该进行的，本章阐释了为何20世纪80年代以来美国经济增长如此缓慢，其民主也日益受到威胁。后续的三章则分别对日本、德国和欧洲其他四个国家的情况进行阐释。

从里根到乔治·沃克·布什
（1980～2008年）

随着罗纳德·里根于1980年当选美国总统，美国政治明显向右偏移，后来他所在的共和党接班人乔治·赫伯特·沃克·布什和乔治·沃克·布什上台后风向依旧如此。而且即使在民主党总统威廉·杰斐逊·克林顿当政期间（1993～2000年），他所执行的政策与二战后民主党总统相比也更趋保守，这一点我们在后面会有所论述。

大体而言，政策向右偏移很大程度上是对美国经济增长率下滑趋势的一种反映，这一趋势曾随着 70 年代末的临近变得越来越明显。经济增长率从 1977 年的 5.5% 下降到 1979 年的 1.4%，只有在 1980 年出现轻微反弹，达到 2.7%。70 年代后期美国经济增长率开始下降是由多重原因引起的，其中包括：劳动生产率和工资增长放缓，剧烈的通货膨胀，1974 年和 1979 年的石油危机，以及美国工业的国际竞争力日渐下滑。第一章中曾讨论过 80 年代起需求增长放缓的原因，这些原因有助于理解经济增长放缓态势。

如果对意识形态转变的原因进行更加全面的分析，需要重点强调的是这一转变受到了一项具有历史意义的技术变革的深远影响，这一技术变革即我们所说的信息技术革命。它发端于 70 年代，在 80 年代得以迅速发展。一项研究表明，历史上曾出现过重大的意识形态右转事件，它们同样发生在具有历史意义的重大变革出现的早期——分别发端于 18 世纪 60 年代和 19 世纪 80 年代。读者如果有兴趣，可以阅读附在本章后面的相关具体分析。

卡特政府时期（1976～1980 年）曾采纳了刺激需求的赤字财政政策，以确保经济增长维持在一定的比例，同时减少失业，将失业率控制在 5.9%～7.1%。但这项政策不仅没能促进增长率的提升，反而使通货膨胀率从 1977 年的 6.5% 一跃上升为 1980 年的 13.5%，出现了媒体所说的"滞胀"现象，即经济停滞与通货膨胀同时发生。

里根以建立在供给学派经济学基础上的政策主张赢得了 1980 年的大选。供给学派经济学兜售的是这样一套理论，即可以通过削减税收、减少政府干预来实现经济复苏。但里根政策推行的结果，仍然是经济增长迟缓，国债不断上扬，收入和财富分配进一步失衡，以及政府对环境恶化问题的关注日趋减少。尽管如此，里根政府向保守方向转变、接受供给学派经济学的态势仍然强劲。里根后来连任，之后接任他的乔治·赫伯特·沃克·布什（1989～1993 年）也奉行保守派的政治路线。

民主党总统克林顿（1994～2000年）并不接受保守派极度推崇的"低税率，高增长"，但认可保守派关于"小政府"的政策主张，这在他支持并签署的《格雷姆－里奇－比利雷法案》、《商品期货现代化法案》（CFMA）、《个人责任与工作机会协调法案》中就有着清晰的证明。

《格雷姆－里奇－比利雷法案》废除了1933年制定的《格拉斯－斯蒂格尔法案》。《格拉斯－斯蒂格尔法案》禁止商业银行从事投资业务，认为这是用储户的钱来从事一种有利可图但风险很高的投资活动。此外，这种投资活动也是造成20世纪30年代众多银行倒闭的主要原因。这一法案被废除后，大型银行得以用它们自己的资金（业主资本）来从事投资活动，借入资金总额也迅速提升。2008年金融危机爆发前夕，一些规模较大的银行和金融机构的资产负债率——债权人资金占公司资产总额的比例——已高达30%。这也成为引发2008～2009年经济大衰退的一个重要原因，正如以下所述，这迫使纳税人去救助那些大型金融机构。

2000年通过的使金融衍生品场外交易（金融工具用来应对对冲风险和从事高投机活动）合法化的《商品期货现代化法案》及1998年通过的《个人责任与工作机会协调法案》将多数福利方案由联邦政府转向州政府，并限制其连续两年的收益，同时还给救济设置了5年的最高年限。自大萧条以来，这些法案开始生效，结束了那些相对宽松的福利条款。

乔治·沃克·布什当政期间（2001～2008年），颁布了两部税收减免法案，分别是2001年的《经济增长与税收减免协调法案》以及2003年的《就业与增长税收减免协调法案》。前者降低了所得税、房地产税及赠与税。后者推进了根据2001年法案展开的减税计划工作，同时也降低了股息红利所得税和资本收益税。

股息红利所得税和资本收益税的税率固定在15%，对这些税目的征收，是独立于那些占据着不成比例的大量股票、债券和不动产等高收入人群的其他收入的。例如，2012 年美国最富裕的 5% 的人持有全部股票的 60%。① 税收减免政策，使美国成为 34 个经合组织国家中税率最低的国家。小布什政府时期通过税收法案制定有日落条款，有效期至 2010 年。但因奥巴马政府在 2010 年通过了《税负减免、失业保险再授权和就业创造法案》，上述法案又被延长了两年。

与供给学派经济学支持者所宣称的内容相反，这些税收减免政策并没有实现经济增长速度的提高，至于其中的原因，第一章中已经阐释了一部分，此外，生产率增长缓慢也是原因之一，相关内容在本章附录中做了说明。与此同时，国家债务也并没有像供给学派经济学支持者所宣称的那样会发生下降，反而在里根和小布什政府执政期间持续提升。究其原因，并非单单在于经济增长放缓从而无力增加税收收入，还在于里根政府稳步提高国防开支以及小布什政府发动对阿富汗和伊拉克的战争。里根时代，国家债务从约 1000 亿美元增加到近 3000 亿美元，小布什担任总统期间，国家债务进一步从 2001 年的 1440 亿美元增加到 2008 年的 9620 亿美元。与之相比，克林顿担任总统期间，在其第二届任期（1998～2001 年）美国有着 500 亿～2360 亿美元的预算盈余。

领导美国联邦储备银行的艾伦·格林斯潘（Alan Greenspan）是一个狂热的供给学派追随者，他在担任美联储主席期间（1987～2006 年）极力追求一种宽松的货币政策。这样做是为了提高经济增长率，并减缓 2000 年向信息技术行业以及邻近行业迅速增加投资而导致的高科技企业股票价格暴跌——互联网"泡沫"破裂——所产生的影响。所有的金融机构，特别是那些规模最大的银行和对冲基

---

① 美国人口普查局：《统计摘要》，2012。

金利用不断降低的利率从事着高风险且风险值在不断增加，同时又是高收益的经济活动。由于克林顿政府时期通过了《格雷姆 - 里奇 - 比利雷法案》和《商品期货现代化法案》，上述高风险高收益的经济活动成为可能。

2008 年，肇始于美国的经济大衰退，其爆发的主要原因就在于联邦储备银行推行低利率政策以及证券交易委员会和其他监管金融机构行为的政府机关不作为；还包括上述提及的获得通过的两项法案，以及金融机构及金融市场参与者的道德标准退化。

经济衰退的影响迅速发酵，类似的危机波及全世界，并使欧洲（如爱尔兰、希腊、葡萄牙和西班牙）以及其他许多国家陷入具有毁灭性影响的严重衰退。此外，它还对现有欧元体系形成重大威胁。

但危机对美国经济的影响是最为直接的。美国因此陷入了自 20 世纪 30 年代大萧条以来最为严重的经济危机。2008 年，其股市下跌了 34 个百分点，840 万人失业，失业率上升到 10%。雷曼兄弟，这一成立于 1850 年并拥有 6000 亿美元资产的全球金融公司在 2008 年 10 月宣告破产，随即成为这次金融危机震荡的中心。

新任主席本·伯南克（Ben Bernanke）（2006 ~ 2014 年）领导的联邦储备银行迅速做出反应以阻止金融机构发生系统性崩溃。2008 年，为适应金融机构的调整，银行通过采取多种非常规举措提供了近 1 万亿美元的贷款，而且以削减美国联邦基金利率的方式提供无担保短期贷款，其贷款利率从 5.25% 调整为近乎 0。尽管采取了这些举措，危机仍加剧了金融机构系统性失灵的态势。

2008 年 10 月，小布什政府被迫采取《紧急经济稳定法案》。该法案批准提供 7000 亿美元，以促使财政部帮助金融机构渡过难关，其所采取的方式是通过购买按揭证券以及其他不良金融资产，为银行和其他金融机构直接提供现金支持。然而，由于之前采取了税收减免政策，再加上经济不景气，这一举措是在税收收入暴跌的情况下推行的。2009 年，当小布什离开白宫时，国家债务已从 2001 年其最初入主白宫时的 5.674 万亿美元跃升为 10.024 万亿美元。银行救助举措、小布什政府的税收减免政策以及伊拉克战争日益膨胀的物资消耗使美国负债在 2008 年就已高达 GDP 的 74%，远高于 20 世纪 30 年代经济大萧条时期的 40%。因此，标准普尔于 2011 年下调了美国 AAA 债务评级，这是自 1941 年等级评定诞生以来第一次下调对美国的债务评级。

美国政策向右转的另外一个值得注意的现象是到了 2008 年，"纵向经济流动"的可能性——贫困家庭出身的孩子迈上高收入阶梯的可能性——较 20 世纪 80 年代的已经大幅降低。依据波士顿联邦储备银行提供的数据，自 80 年代起，纵向流动已经开始持续减少。2006～2008 年，这种流动性"已经同阶级界限源远流长的英国一样有限，甚至还低于因纵向流动性匮乏而著称的法国"。在美国，出身贫困家庭的孩子，多达 50% 会依旧处于贫困状态，而这一比例在法国是 41%，在丹麦是 15%。在如此高比例的贫困人口中，处在社会底端 20% 的人口却又都是黑人，这突出显示了美国社会的种族不平等。①

此外，美国社会还出现了贫困与犯罪相联系的趋势。其他很多社会问题的出现都是和基尼系数的不断提高密切相关的，而纵向流动的下降以及经济低迷带来的持续性影响则是美国的监禁率居高不下，其监禁率目前已位列世界第一。截至 2008 年，每 10 万人当中就有 743 人被关押在联邦、州、地方以及军事监狱。与之相比，监

---

① Katharine Bradbury, *Trends in U. S. Family Income Mobility*, *1969 - 2006*, Federal Reserve Bank of Boston, Working Paper No. 11 - 10, Boston, MA, October 20, 2011; See also "Social Immobility: Climbing the Economic Ladder Is Harder In the U. S. than in Most European Countries," *HOFF POST Politics*, September 21, 2011.

禁率位列第二的俄罗斯，每10万人中有577人被关押，其监禁率稍低于美国。在加拿大，每10万人中被关押的人数为117人，中国则为120人。[①] 2008年，美国人口约占世界人口的5%，但其被关押的人数却接近世界被关押总人数的25%。关押如此多的人——2008年就已接近320万人，且丝毫没有减少的迹象——所耗费的经济和社会成本是难以估量的。

这预示着从1995年、1996年开始，克林顿和共和党控制的国会之间出现基于意识形态的、日益强烈的立法僵局。当克林顿否决国会通过的法案后，1995年的联邦医疗保险和教育基金以及1996年的预算案均陷入僵局，最终，这甚至导致政府在1995年和1996年连续两次关门。政府关门意味着大多数联邦政府雇员处于"待业"状态，而且在1995年12月至1996年1月间，有长达27天的时间政府暂停了所有的非必要服务。

2008年11月的大选是在一场"完美风暴"的大衰退中举行的：一方面民众对小布什政府发动战争并给国家留下急剧攀升的债务报以强烈的不满，小布什政府和自己政党的选民也变得疏远；另一方面，民主党推出了具有强劲竞争力的候选人巴拉克·奥巴马。

奥巴马时期（2009～2015年）

奥巴马于美国历史上最富挑战的经济时代上台，因而他必须找到一种可以避免美国经济进一步陷入衰退的方法。多亏他所在的民主党在最初的两年时间里掌控了众参两院，在他就职不到两个月的时间里，新政府就成功施行了一项重要刺激方案：《2009年美国复

[①] The US Department of Justice and Bureau of Justice Statistics, "Prisoners in 2008," June 30, 2010.

苏与再投资法案》，简称《复苏法案》。

7870 亿美元的刺激方案为教育、医疗、能源利用效率和可再生能源开发、国土安全与执法以及科学研究提供资金支持。政府采取了多种举措以加强失业救济和帮助那些低收入工人。此外，针对个人和公司的大范围税收刺激政策以及对各州的拨款也是《复苏法案》的一部分。该法案遵循凯恩斯主义逻辑，即通过加大公共支出来弥补个人支出的不足，以刺激经济发展。仅有少数众参两院共和党成员为这一法案投了赞成票。该法案的通过很大程度上符合民主党的政治路线。

尽管采取了一系列凯恩斯主义政策，但 2009 年美国四个季度的经济增长率仍然令人担忧，分别是：-3.3%、-4.2%、-4.6% 和 -3.3%。失业率接近 10%，如此高比例的失业率自 20 世纪 80 年代初以来还从未发生过。当时之所以会出现高失业率是因美国联邦储备银行为抑制卡特政府时期两位数的通货膨胀而突然采取货币紧缩政策。不断恶化的经济环境使供给学派经济学的支持者和赞同扩大政府开支的人之间的争论愈发激烈。

供给学派经济学的支持者无视逻辑并且不合时宜地提出，正是奥巴马政府采取的"大政府"和"社会主义的以支定收政策"才导致持续的高失业率及不断深化的经济衰退长期存在。尽管对金融机构的救助早在小布什政府时期就已经开始了，但在他们看来，用于救助金融机构的 7000 亿美元和在《复苏法案》下支出的 7870 亿美元是紧密结合的。他们坚持认为，只要采取共和党主张的"小政府"策略，削减税收，政府对经济干预最小化，所有美国人的财富就能够增加。

再没有比茶党更明显地叫嚣、支持上述主张的组织了。茶党是一个组织松散的地方团体，其成员倾向于支持共和党，但比共和党主流更为固执地支持"小政府"。茶党得名于波士顿茶叶党，1773

年为抗议英国政府征收茶叶税而组建。它强烈反对《复苏法案》。

哥伦比亚广播公司—纽约时报 2010 年展开的一次民调显示，茶党运动的支持者多为白人、已婚人士，其中主要包括中年人和老年人，他们认为自己是比较保守的，而且也通常会投票给共和党。尽管此次民意测验，以及其他民调的结果只能提供一种参考，毕竟参与民意测验的人数是有限的，但也可以看出参与茶党运动的人的平均收入高于美国家庭平均收入。当然，也有很多无党派人士和心生不满的民主党人士加入茶党运动中来。民调显示，民主党成员在其中所占的比例为 4% ~ 15% 。

2010 年 3 月，《患者保护与平价医疗法案》获得众参两院通过，这可以说是按照党派立场投票的结果——前文已提及，当时众参两院控制权均掌握在民主党手中。这项法案通常被称为《奥巴马医疗法案》，其主要目的是使近 4800 万没有医疗保险的人获得医疗保险。除了美国以外的所有发达国家，均实施了全覆盖或者近乎全覆盖的医疗保健体系。在这些国家，维系医疗保健的资金由政府承担，其或者承担全部资金，或者承担其中的一部分。因此，对于奥巴马总统来说，这项法案是一个标志性的政策，将构成其政治遗产的一部分。

过度强调《奥巴马医疗法案》通过的历史意义也是很难的。它顶住了共和党和茶党的强烈反对，因为共和党和茶党一致认为该法案会导致一项庞大而昂贵的政策出现，进而将政府赤字水平推向新的高度。正是鉴于这一点，《奥巴马医疗法案》设计了一种独特的医疗保险制度。这种设计考虑到国家各团体在意识形态领域的分歧，也就是说，要构建一种复杂的多方付款体系，其中包括保险公司、州政府以及建立在个人可选择保险政策基础上的国家管理"交换"系统。这项法案促使个人去选择他们自己的保险方案，同时还为那些无力支付保险政策的人提供补助金。

由于存在意识形态的差异，共和党和茶党对《奥巴马医疗法案》始终持反对态度，加之他们故意歪曲那些对所有客观、公正的观察者来讲都是显而易见的事实，因此，他们的反对意见也就渐渐被忽略。这里仅仅从《奥巴马医疗法案》所带来的众多好处中选择两个最重要的加以论证。截至2014年2月，至少1340万人在第一时间获得了医疗保险，而且保险费用也并非如共和党政客所预测的会出现飙升，反而在2014年下降了4%。① 简言之，《奥巴马医疗法案》已经并将继续履行它最初的承诺：向尽可能多的因贫穷、失业以及先前患有疾病等而未享受到医疗保险的美国人提供可负担得起的医疗保险。毫无疑问，大多数对《奥巴马医疗法案》仍持批评态度的人并不理解该项法案的复杂性，而且他们多是效仿保守派政客和学者对法案进行抨击。

在2010年11月举行的美国国会中期选举中，民主党勉强保住了参议院的多数席位。共和党夺回了众议院的掌控权，从民主党那里夺走了83个席位。这是1944年以来众议院席位发生的最大一次逆转，显示出人们对奥巴马政府时期的国家经济和政治状况抱以普遍不满。共和党和茶党运动成功赢得了那些失业者、对房屋丧失抵押品赎回权或者家庭收入不断下滑的数百万选民的支持。

选举结果使立法态势进一步陷入僵局。美国第112届国会从2011年1月开始召集，直到2013年1月，所通过的法案之少堪称60年来各届国会会议之最，甚至少于杜鲁门总统时期被称为"无为国会"的第80届国会会议（1947~1948年）所通过的法案数量。尽管国家正面临着严重的金融和经济危机，但意识形态领域的分歧引发的政党之间就税收和预算的争吵已然阻止了立法举措的施行。两

---

① Steven Rattner, "For Tens of Millions, Obamacare Is Working," *The New York Times*, February 22, 2015.

个党派无力携手合作，导致美国付出了高昂的代价，众议院直到最后一刻才同意提高债务上限，几乎将美国拉入债券违约的边缘。

尽管人们仍在同居高不下的、顽固性的失业率和迟缓的增长率进行斗争，奥巴马还是以51.1%的选票于2012年11月获得连任。奥巴马所赢得的选票同共和党候选人米特·罗姆尼所获得的选票在总数上如此接近，表明美国选民分化态势已经十分明显。共和党成功掌控了众议院，立法僵局也将持续下去。尽管在对年收入超过40万美元的人增加个人所得税方面共和党不得不做出让步，但两个政党不可能就削减已超过14万亿美元国家债务的财政和税收政策达成一致。

持续的立法僵局反映了政党和选民内心的矛盾，直至2013年，那些在过去几年里一直争论的主要政策，没有一项获得解决。这些政策包括：达成"一项伟大的妥协"以削减国家债务，改革手段复杂而相对明了的、充斥着税收扣除条文且漏洞百出的长达72536页的税法，以及解决美国超过1200万人的非法移民问题。

虽然美国2013年的经济状况稍微有些好转，但增长率依旧乏善可陈——低于2%。出现这一状况的原因是美国联邦储备银行持续执行超宽松货币政策，在第九章我们会深入讨论这一问题。这一货币政策提高了资产的价格和企业的利润却并没有减少失业，也未曾提高工资水平。下述事实更能清晰地说明这一现状。就所占GDP的比例而言，企业的总利润从20世纪80年代末的约5%增加到2012年的9.7%，然而工资和薪金所得总额却从80年代的52%下降到2012年的42.6%。2013年的失业率仍在7.6%左右徘徊。看似这一比例低于2011年的8%，但这主要是因为那些对"再就业失去信心的人"不再寻找工作了，因而也就不再被计入失业人数中。此外，2010～2012年新创造的58%的工作岗位都是低薪岗位，主要集中在服务行业，平均每小时工资低于14美元，或者平均年收入低于2.8

万美元，仅比2012年联邦贫困线标准所规定的四口之家的收入多990美元。

当对2010~2013年的失业率进行仔细审查时，下述可悲的事实就愈发明显：大衰退尽管给美国各个年龄段的人都带来了很大的冲击，但对年轻人的打击是尤为巨大的。这是因为多数雇主都会选择雇佣大量有经验的工人，以及那些愿意接受普遍的低水平工资的人们。为此，2013年近半数的失业者年龄都在34岁以下，此外，许多被雇佣的年轻人所具备的条件远高于所从事工作必需的条件，事实上，超过40%的大学毕业生正在从事着根本不需要有大学学位的工作。[①] 因而，很难否认盖洛普首席执行官詹姆斯·克利夫顿（James Clifton）在2015年2月14日进行民意调查服务后给出的结果，即"无法用其他语言来表述了。政府所公布的失业率实际上是一个巨大的谎言，因为他们所公布的失业率残忍地忽视了那些遭受长期失业和永久性失业的人们，也忽视了那些沮丧的非充分就业人群"。

2013年10月1~16日，美国联邦政府的非核心部门再次被迫关门，这是因为如果政府不取消《奥巴马医疗法案》，共和党控制的众议院就拒绝通过2014财年政府拨款法案。直到一部分共和党成员投票支持预算案后政府才得以重新开门。对于这一预算案，共和党的支持者茶党是坚决反对的。此项政府预算案的通过提高了债务上限，使财政部能够举借更多的资金，还可以避免美国政府债务违约。

共和党希望看到政府关门，还威胁说将促使政府陷入债务违约的困境，这足以表明共和党多么希望能取消《奥巴马医疗法案》。而且，所通过的预算案是一项临时法案，它不过是把国会推入一种"拖延战术"当中，例如，使2014年预算案的制定延迟几个月。此外，当再次发生债务上限危机、财政部强烈要求提高债务上限的时

---

① 埃森哲咨询公司的一份报告，摘自CNN Money，2013年4月14日。

候，共和党和民主党的激烈争论又会重复上演。持续的僵局意味着美国政府将陷入一个又一个危机。

2014 年中期选举结束后，共和党以 55∶46 获得了参议院的掌控权，同时以 247∶188 强化了其在众议院所占据的优势。直到 2014 年 12 月美国国会休会，2013～2014 年国会仅颁布了 296 项法案，与被称为"无所事事"的 1947～1948 年国会颁布的 900 项法案相比仍相去甚远。

2014 年 12 月，就在"跛脚鸭"般的国会会议即将休会之前，通过了 2014～2015 年财政预算案，同时伴有两项附加条款。

其中一项附加条款是要大大削弱 2010 年生效的《华尔街改革和个人消费者保护法案》。该法案又被称作《多德－弗兰克法案》，此项雄心勃勃的法案的主要目标是：改善金融体系问责制度和透明度以促进美国金融系统的稳定；终结所谓金融机构"太大以致不能倒闭"的状况；保护纳税人，使其免于在将来被迫承担紧急救助金融机构的负担；保护消费者免受滥用金融服务行为的影响。这项附加条款的实施就是要在实际上废除《多德－弗兰克法案》，阻止联邦存款保险公司（FDIC）对大型银行因从事风险资产交易而面临的破产危机进行救助。之所以在预算法案中附加该项条款，是因为由堪萨斯州的共和党国会议员所起草的该项条款，其内容几乎是美国最大金融机构——花旗集团的政客所拟草案的副本。①

另一项附加条款实际上是要废除 2002 年施行的《麦凯恩－法因戈尔德竞选财务法》，该法案规定个人对某一政党的政治捐款金额不能超过 3.24 万美元。而这项附加条款的通过，致使个人政治捐款的额度飙升至 160 万美元，或者可以说是 2014 年选举中所允许金额的

---

① 国会议员凯文·约德（Kevin Yoder）称，"不要否认这一事实"，美国有线电视新闻网，2014 年 12 月 16 日。

8.25 倍。这是继联邦最高法院在 2010 年对联合公民起诉联邦贸易委员会案件做出肯定性判决后，政府就相关问题的又一次明确回应，也就是说，企业和工会在政治运动期间可以支持任何一种政治理念，并为此进行无限制的政治捐款。最高法院之所以做出这一决定是因为这些捐款是自由意志的表达，它们受第一修正案有关对言论自由的保护，因而企业和工会的竞选捐款不会受到限制。

2014～2015 年，美国经济一直处于一种萧条状态。尽管一些季度的经济增长率超过了 2%，股票价格以及许多大公司的利润也有所增加，但下述无可争辩的事实已经证明，所增加的利润并没有"向下渗透"到大多数人中来。

2015 年 1 月值得信赖的皮尤研究中心的一项调查显示，55% 的美国人已经看到他们的实际收入"正在下降"，37% 的人发现他们的实际收入"勉强跟得上生活费用上升的步伐"。平均小时工资从 20 世纪 80 年代的 19.18 美元上升到 2014 年的 20.67 美元，也就是说，35 年的时间里，平均小时工资总共只提高了 1.49 美元。2013 年中等家庭的实际收入为 51759 美元，与衰退前在 1999 年所达到的峰值 56436 美元相比，下降了 9%。而且，人们对找工作越发失去信心，致使美国的劳动参与率也从 2008 年的 66.1% 下降到 2014 年 12 月的 62.7%。

尽管大众媒体报道说，自 2010 年特别是 2014 年以来，就业率在逐月上升，失业率逐月下降，但同 2008 年大衰退爆发时的失业人数相比，2015 年初的失业人数仍高出 700 万之多。此外，2014 年新增就业岗位中，服务业以及其他行业中的低薪职位多达 40%。而且，在 2015 年最初的几个月里，年龄为 18～29 岁的群体中，几乎 32% 的人都处于非充分就业状态（盖洛普就业数据跟踪）。简言之，大众媒体所报道的失业率下降状况并没有反映出大多数美国人实际收入停滞或下降的态势，而极少数美国人仍在现有资本主义民主制度下继续收获大量财富。

附录 技术变革对政治的影响

附录中所探讨的是始于 20 世纪 70 年代的一场具有历史意义的技术变革，即所谓的 IT（信息技术）革命，它构成了美国政治在 80 年代向右偏移的重要影响因素。[①]

当我们审视工业革命以来工业强国的经济史时，可以很清晰地看到，一共发生了三次技术革命。第一次技术革命始于 18 世纪 60 年代的英国，而第二次和第三次均由美国所引领，分别始于 19 世纪 80 年代和 20 世纪 70 年代。本部分内容我们将对下列分析做简要阐述：前两次技术革命分别使英国和美国的政治向右偏移；而第三次技术革命则是造成美国政治在 20 世纪 70~80 年代向右偏移的主要原因。

前两次技术革命，几乎每一次都持续了约一个世纪的时间，每次技术革命也都可以清晰地划分为两个阶段：一是持续约 30 年，且生产率只有缓慢提高的"破土阶段"；二是持续约 70 年，生产率显著提高的"成熟阶段"。它们都具有下文将描述的一些特征。迄今为止，第三次技术革命也可清晰地划分为两个阶段，无论持续的时间多长，其所具备的一些特征都将同前两次技术革命相似。

我们都很熟悉的第一次技术革命源于蒸汽机的革新，蒸汽机代替人力和畜力成为动力源泉。蒸汽动力纺织机和其他机器以及蒸汽船的迅速推广和应用，使英国经济成功转型。在第一次技术革命中，

---

① 关于这一论点的进一步讨论及相关数据来源，可以参阅山村耕造《现代日本的经济崛起》，剑桥大学出版社，1997；Yasusuke Murakami, *An Anti-Classical Political Economic Analysis: A Vision for the New Century*, Stanford University Press, 1996；Gunter Heiduk and Kozo Yamamura, eds., *Technological Competition and Interdependence*, University of Washington Press, 1990。

国际贸易总量迅速提升，很大程度上是由于蒸汽船的使用、稳步增加的棉纺织品和其他工业品的输出。凭借技术革命的丰硕成果，英国军事实力得以增强，特别是海军力量明显增强，同时英国也扩大了其全球帝国版图。

公司的组织机构在"破土阶段"发生了彻底的变化，公司所有权归股东所有。由于生产和推广新产品所必需的大量资金需要从很多共担风险和共享利润的股东那里获得，以便取代传统的资金来源，因而商业模式需要进行必要的革新。而在第一次技术革命之前，商业运营的资本都是由富有的贵族和商人提供的。此时资金来源发生了变化，相应地，公司战略也要有所变革。

随着政治力量的均衡性被打破，其他重要变化也发生了。企业获得了丰厚利润的原因，主要在于工业化进程中寡头企业——首先进入市场的少数几家企业在许多市场中都占据着很高的市场份额，并获得巨额利润——的出现，以及工业企业政治权力的持续扩张。这些企业以寡头企业为首，它们促使捍卫其利益的税收、劳工和其他方面的法律成功施行。

仔细研究相关数据、记载以及经济历史学家的著作，可以发现，在"破土阶段"工人的工资不但没有增加，反而还有所下降。结果必然是产业工人过着悲惨的生活。正如马克思所言，工人"变成了机器的一个组成部分"，而与此同时，英国却出现了一批主要由商业领袖和投资者所组成的新贵。

马克思专注于研究那些拥有政治和经济权力的厂主对工人的"剥削"，但他未能适当考虑另外两个导致工人工资停滞的重要因素。其一是圈地运动（贵族们为了养羊把贫苦的农民从土地上赶走）导致"破土阶段"劳动力供给充裕；其二，使那些从未在工厂工作过的农民获得必要的技能和经验以提高他们的生产效率是需要一定时间的，生产效率的高低是影响工人工资的主要因素。这一观点的正确性是显而易见的，因为工人低水平的且停滞不前的工资只是在第一次技术革命的"破土阶段"才出现。到 18 世纪 90 年代，当"成熟阶段"到来时，实际工资水平则持续上升，尽管由于劳动力的额外供给减少导致工资上涨缓慢，但工厂工人所掌握的技术以及经验可以提高劳动生产率，此外，企业也更加善于运用新技术新方法来增加其利润。

接着，自 19 世纪 80 年代起第二次技术革命开始了，这次技术革命伴有以下特征：石油、电力和钢铁在各个领域的使用迅速增加；扩大的规模化生产方式；不计其数的合成化学产品的出现，如橡胶、染料以及其他一系列生产技术的发展。为此，我们完全可以称这次技术革命为重工业革命。引领第二次技术革命的是美国，它开启了电力时代，发展了石油工业，也促进了包括汽车在内的许多工业产品的大规模生产。此外，大量移民源源不断的流入确保了廉价劳动力的充足供应。

就像第一次技术革命"破土阶段"一样，在第二次技术革命"破土阶段"的企业的政治和金融也发生了变化。美国商业领袖为确保他们所青睐的候选人能够当选，为了扼杀劳工运动，减少对寡头企业反竞争以及其他多种行为的法律制约，故对本国政治施以巨大影响。同第一次技术革命相比，第二次技术革命的"破土阶段"需要更多的资金，为此，股票市场变得更加重要，作为资金的提供者，一些银行俨然成长为"庞然大物"以至于可以统治金融市场。

在第二次技术革命中，商业领域成功地发展出新的商业模式，因而他们需要为所生产的商品提供更多的资金并开拓新的市场，那些商界领袖和投资者如同在第一次技术革命中一样，变得极其富有。但产业工人的工资却陷入停滞，其原因在于，越来越多的移民加入劳动力储备军之中，移民及其子女需要时间以升级成为经验充足的熟练工人进而提高他们的生产率。然而，就像在第一次技术革命时期一样，当20世纪初第二次技术革命的成熟阶段到来时，由于劳动生产率稳步提升，工资开始出现缓慢增长，随后增长幅度持续加大，直至大萧条的出现。二战后，得益于对第二次技术革命中新技术的运用以及改进生产方式，美国经济获得持续增长。经济的持续增长创造了一个庞大的中产阶级，同时也使美国成为世界上最富裕的经济体。

接下来就是发端于20世纪70年代，由信息技术的迅速发展而引领的第三次技术革命，以电脑芯片为例，1975年其产出呈指数级增加。伴随着计算机在企业和个人中的实际应用范围迅速扩大，80年代遂成为第三次技术革命"破土阶段"的第一个十年。

与信息技术相关的商业和企业相继使用计算机，再加上其他与信息技术相关的技术和服务在持续设计新的商业模式，工人的工资又陷入一种停滞状态，这是因为把一个绘图员变成一个计算机辅助设计与绘图专家，又或者使一个打字员变成一个计算机精通使用者，都需要很长的时间。劳动生产率的缓慢增长，以及在第三次技术革命的"破土阶段"来自低工资、发展中国家的进口商品迅速增加，致使工资增长率开始放缓。

获得大型金融机构以及投资者资金支持的IT领域的企业，其规模多数都很大，而且所做的生意也愈发国际化，为此其所需资金甚至比第二次技术革命时期大型企业所需资金还要多，因而这些企业需要一个亲商的政府即一个施行低税且很少干预市场行为的政府。

这些企业的多数要求在80年代第三次技术革命的"破土阶段"得到了满足，相关内容在本章中已进行了讨论。税率，特别是对富人的征税额度大幅度下调，与此同时，包括《格拉斯－斯蒂格尔法案》在内的许多约束银行行为的法规要么被废除，要么停止执行，要么执行力被大大削弱。在第三次技术革命的"破土阶段"，即从

80 年代到 21 世纪第一个十年这段时间里，以三位共和党总统为典型代表的亲商意识占据着明显优势。此外，正如本章中也曾讨论过的，即使民主党总统克林顿也是明显亲商的，例如，他支持许多亲商政策，也支持对社会福利实行严格限制的相关政策。

前两次"成熟阶段"的历史还不曾在第三次技术革命浪潮的"成熟阶段"重演。但今天我们已经看到，第三次技术革命浪潮中形式愈发多样且极具创新性的技术正在被应用于多种产品中，并改变着我们的日常生活。因此我们有理由期待，未来在第三次技术革命浪潮"成熟阶段"的几十年时间里，将会继续看到更多的信息革命技术被采用，甚至是以意想不到的、更具创新性的方式加以呈现。其中包括使用率迅速提升的计算机芯片在汽车、家用电器以及其他众多产品中的应用；快速发展的云数据，应用愈发广泛的纳米技术、激光技术以及 3D "打印"技术；不断深入的基因组学知识的加速使用，如建立在患者个体 DNA 基础上的"个性化"医疗；许多各种不同的技术在能源行业中的迅速发展；包括构造日益复杂的机器人在内的各种类型的"智能"机器迅速增加且以前所未有的规模应用开来。

密切关注相关数据可以看到，第三次技术革命浪潮所带来的愈发多样且复杂的技术运用，使劳动生产率较"破土阶段"而言有了快速的提高。因此，发达资本主义国家经济陷入停滞的原因并不是技术进步匮乏，而是它们无力推进第三次系统性变革：这一变革通过增加需求和投资来促进经济增长，也可以通过削减收入和使财富分配不均来确保民主的稳定，还可以通过施行各种举措来促进环境可持续发展。

第六章
经济陷入长期停滞的日本

日本经济自 1991 年"泡沫"破裂以来，始终表现平淡，2013 年采用的经济政策——即下文描述的安倍经济学——是一项基于供给学派经济学的政策，但供给学派经济学并没有有效推动日本经济实现复苏，反而使收入和财富分配差距不断扩大，进而对日本民主构成威胁。

过山车年（1980~2009 年）

从 20 世纪 80 年代到 2009 年，日本发展态势简直像是在坐过山车。80 年代伊始，日本飞得很高。其经济以近乎 4% 的速度增长，在日本和西方，许多人吹捧日本的经济制度，认为其实践应成为西方国家效仿的典范。80 年代早期，股票和土地价格飙升，日本出国旅游人数达到前所未有的高位，所购买的奢侈品也越来越多，此外，日本企业海外投资总量亦空前增加。

1985 年，《广场协议》——美国、日本、西德、英国和法国共同签署的美元对日元和使德国马克贬值的协议——签订。之所以要签订这项协议是因为美元对日元和德国马克升值过强，致使美国企业面临严重的竞争劣势。日本接受该项协议条款最核心的动机在于减少同美国的贸易摩擦，毕竟美国是它最重要的客户和盟友。日本不可能无视在美日双边互助安全条约下美国"核保护伞"对其安全在很大程度上的保障，也不可能无视当20世纪80年代德国国防开支约占GDP的3%、美国接近6%的时候，美国"核保护伞"所允许的日本国防开支却限制在1%。

协议签订之后，由于日元升值导致出口减少，日本银行采取了历史性低利率政策以刺激经济，避免经济不景气局面的出现。这项政策导致的结果是在接下来的5年时间里，土地和股票价格——"资产泡沫"——出现迅速而稳步的上升。土地价格飙升至天文数字。东京中心区的地价高达一平方英尺①2万美元。现状已然"沦落"到了十分荒谬的地步，日本皇宫附近的土地价格如此之高以至于有评估认为，皇宫——其面积近似于位于纽约的中央公园——本身的地价甚至高于加利福尼亚全部地产总值（相关细节及数据来源参见：野口悠纪雄、山村耕造主编《20世纪80年代美国—日本宏观经济关系》，华盛顿大学出版社，1996）。

由于经济中存在巨大的"泡沫"，日本银行最终在1990年12月提高了利率。1991年1月，"泡沫"突然破裂。在这一年里，日经指数从接近4万点大幅下跌至1.6万点。土地价格也出现暴跌。这导致日本经济陷入长期衰退——低迷的经济持续受困于通货紧缩。在十年快要结束的时候，许多学者将之称为"失去的十年"，而到2005年，这一表述又变成了"失去的十五年"。人们开始怀疑，经济的缓慢螺旋式下跌究竟能否结束。随着世界的目光开始从日本转向中国，人们谈论的问题也发生了变化，从"打压日本"，即对日本

---

① 1英尺＝0.3048米。——译者注

出口过多而进口不足，且没有对外商充分打开市场进行批评，转向"忽略日本"，即因日本经济陷入长期萎靡之态而无视之。

随着房地产价格下跌和经济陷于长期停滞，银行发现自身拥有巨额不良贷款。许多银行破产，又或者因背负巨额不良资产而变成"僵尸"银行。经济前景如此黯淡，在未来几年时间里中小型企业根本不可能获得信贷。政府通过增加国债以提高公共支出。2001年，日本银行采取接近零利率的政策，并开始购买一定数量的政府债券以及其他金融票据以增加货币供给。针对银行所做的努力严重不足的众多批评仍然在持续，因为银行的努力并没有取得预期效果，经济依旧停滞不前，而且还在21世纪第一个十年里遭遇通货紧缩。

为了振兴经济，历届政府都会将目光转向公共事业项目，在全国各地建设越来越多的高速公路、桥梁、机场以及休闲设施等。以上这些项目大多有益于建筑业的发展，这些举措使历届保守政府在建筑领域获得了大量现金及选票方面的优势。公共事业支出的结果是政府赤字膨胀。1980年日本国债占GDP的比例已高达75%，1991年这一比例更是超过了150%，这使日本成为所有经合组织国家中国债占比最高的国家。

日本最大的保守党自由民主党被曝出许多丑闻之后——其中大部分涉及利益集团非法挪用政治献金——长期遭受着党内不同派系间的权力斗争之苦。该党1992年发生分裂，结果导致由两个不稳定的、意识形态多样的少数派组成联合政府，执政时间近3年之久，其中所包括的党派个数达8个之多。

1994年，日本社会党党魁在自由民主党的帮助下获得了首相位置。但日本社会党也为此付出了沉重代价。在1996年举行的新一届众议院选举中，日本社会党的得票大幅下降，其所占席位从142个降至4个。这在很大程度上是因为社会党在同自由民主党组建联合政府时做了重大让步，即社会党人放弃了他们长期以来坚持的拒绝承认日本自卫队和《日美安全保障条约》合法性的立场。日本社会党的溃败，使日本政坛的重心愈发显著地向右偏移。

1996 年选举后，自由民主党重掌政权。但是 1996～2008 年，日本先后上台了 7 位乏善可陈的首相。此外，自由民主党赢得国会参议院中的多数席位也存在困难。在 1998 年的选举中，自由民主党失去了多数席位，2001 年和 2004 年重新获得，但在 2007 年和 2010 年又再度失去。

桥本龙太郎在 1996～1998 年担任日本首相期间曾试图启动改革。他通过放宽对外国投资在汽车、保险、银行以及证券交易行业的限制，以打开日本市场并迎来更激烈的竞争，同时，将消费税从 4% 提高到 5% 以缓解不断增长的政府赤字。但由于提高税收被认为是使经济状况进一步恶化的主要原因，自由民主党不得不更换首相。1998～2001 年，接替桥本龙太郎的则是两位弱势首相。

2001 年小泉纯一郎担任日本首相并获得连任（直至 2006 年），这使他成为自资产"泡沫"破裂以来担任首相时间最长的一位。他是一个特立独行的领导人，在试图盘活经济并促使经济复兴方面抵制住了党内派系利益集团及官僚主义根深蒂固的强烈反对，并取得了有限的成功。他所取得的最大成功就是减缓了政府债务增长速度，促使日本邮政服务民营化（这也构成了金融服务与私人金融机构之间的竞争），并对背负大量不良资产的银行系统施行改革。小泉纯一郎之所以能够长时间担任日本首相一职，是因为在他的任期内，日本经济出现了一定程度的增长，而且许多选民也欣赏他这种特立独行的风格。

关于他的风格，可以举个例子来说明。当在野党日本民主党以及小泉纯一郎所在的自由民主党内部数十名成员未能在参议院支持他所推行的邮政改革议案时，他冒险解散众议院，迫使参众两院提前举行大选。那些没有支持小泉纯一郎的自由民主党政客未能在改选中获胜，也未能引入新的候选人。小泉的冒险行动取得了成功，并在参众两院赢得多数席位。最终，"打了折扣"的邮政民营化改革议案得以通过。

然而，丑闻依旧困扰着自由民主党。小泉的继任者安倍晋三因健康欠佳以及内阁丑闻，仅担任了一年首相就宣告辞职。紧接着在安倍之后上台的两届首相也格外令人沮丧，尽管他们都曾设法守住首相的位置，但只分别维持了一年左右的时间。

由于需求未曾增加，投资依旧停滞，并且通货紧缩盛行，日本经济仍陷入低增长的泥潭，增长率徘徊在 1%～1.5%，甚至有几个季度还出现了负值。需求疲软的主要原因在于实际收入的停滞以及持续的人口老龄化和出生率的下降。

若以购买力来衡量日本的人均实际收入，20 世纪 80 年代日本人均实际收入在经合组织成员国中高居第 2 位，但到了 2009 年则降至第 19 位。税收收入持续大幅下跌，政府支出却不断攀升，导致日本财政状况持续、快速恶化。国债总额占 GDP 的比重稳步上升，从 1991 年的 152% 上升到 2009 年的 194%。（2009 年希腊的这一比重为 130%，而欧元区国家的平均比重为 80%。）

到 2006 年，大众媒体以及一些专家学者开始讨论，在快速增加的国债基础上日本存在无力维持经济高效运行的可能性。之所以产生这一顾虑，一个重要的原因是，在实际收入低增长甚至没有增长，以及老龄化的影响下，日本储蓄率稳步下降——从 20 世纪 80 年代的 16% 下降到 2006 年的 2%。政府继续以非常低的利率在国内出售其 95% 的国债的能力开始受到质疑。

经济长期低迷也产生了其他一系列重要影响。其中一个最重大的影响就是，日本自 90 年代起直至跨入新世纪面临国际竞争力持续下滑的危险，这同时也是日本民众工资停滞的主要原因。2009 年，依据权威的洛桑国际管理发展学院排名，日本产业的国际竞争力位列世界第 27，落后于中国（第 18）和韩国（第 23）。日元升值导致日本竞争力明显下降，尽管日本始终保持贸易顺差，但其总量正在下降（2001 年 1 美元可兑换 130 日元，2009 年 1 美元可兑换 90 日元）。许多经济学家开始担心，日本究竟能否在不久的将来摆脱通货紧缩和经济前景黯淡的困扰。

经济不景气导致的另一个非常重要的变化是久负盛誉的终身雇佣制度迅速崩溃。"泡沫"破裂后，建立在非终身雇佣制度——即建立在短期或者临时雇佣基础上的雇佣关系，即使一些人的就业是长期性的，也不再属于终身制雇员——基础上的雇员数量稳步提升。非终身制雇员的薪水要低得多，他们几乎没有终身雇佣制度下那种按资历序列来提升工资的空间，也几乎不可能享受到带薪休假和产假等福利。1987 年，非终身制雇员的数量只占劳动力总数的 16%，但到了 2009 年，这一数值增加了一倍多，达到 32.8%。此外，越来越多的大型企业削减终身制雇员，并转而雇佣分包商所提供的工资大幅度降低的低薪雇员。2008 年，年龄在 35 岁及以下的男性非正式雇员所占比例为 23.1%，年龄在 35 岁及以下的女性非正式雇员所占比例为 46.5%。相形之下，20 世纪 80 年代，男性非正式雇员的这一比例为 9.1%，女性为 23.2%。结果，人数不断增加的工薪阶层的收入要么处于停滞状态，要么则出现下滑。因工资较低而生活贫穷的人数，即那些年均收入低于 200 万日元（以 100 日元兑换 1 美元计，约合 2 万美元）的人，2001～2008 年从 76.9 万人增加到 100.4 万人。

另外一个至关重要且应该引起注意的现象是越来越多的年轻一代开始面临贫困问题。年轻人——年龄在 15～34 岁——的失业率从 20 世纪 80 年代的约 4% 达到 2009 年几近 9% 的水平。然而，这还不是年轻一代正面临的唯一问题。在那些被雇佣者中，更多的人是非正式雇员，他们通常被称为"飞特族"（即 freeters，是一个日语单词，它由英语单词 freelance "自由" 和德语单词 arbeiter "劳动者" 共同构成）。据日本内阁政府 2009 年《青春白皮书》估算，"飞特族" 的人数已经从 1982 年约 50 万人增加到 2008 年的 170 万人。

此外，"待业"（即 NEETS，指 "未就业也未继续接受教育和培训"）人数——不包括家庭主妇和那些目前已经失业并且正在找工作的人——不断增加。劳动力调查数据显示，年龄在 15～29 岁的待业人数已经从 1993 年的 40 万人增加到 2009 年的 64 万人；而年龄在 30～34 岁的待业人数更是增加了一倍还多，从 1993 年的 9 万人增加到 2009 年的 19 万人。

有关发达国家的生育率在第一章中已经进行了较为详细的阐述，值得强调的是，日本的情况尤为严重。在日本，65 岁以上人口的比例从 1980 年的 9.1% 上升到 2009 年的 23%。2008 年，日本总人口达到峰值 128083960 人，之后便持续下跌。除非出生率突然发生 "不太现实" 的变化，又或者移民数量迅速增加，否则到 2060 年，日本人口数量将降至 9000 万～1 亿。

同样值得注意的是，尽管存在人口老龄化和迫在眉睫的劳动力短缺问题，日本还是尽最大努力限制移民的涌入。2009 年，日本移民人数占总人口的比例仅为 1.6%，这一数值远低于其他发达资本主义国家。迄今为止，除非引进少数特殊技能人员，如 "高科技人员"，或者 "护士及协助老年人的护工"，否则还没有哪个政党主张增加移民，甚至都没有关于改变移民政策的公开讨论。在日本，每年只有 1.5 万名移民被授予公民资格。

从惨淡的日本民主党到妄想的安倍经济学

在 2009 年的众议院选举中，左翼日本民主党战胜了自由民主党。日本民主党公然承诺将从对 "混凝土"——即自由民主党所长期鼓吹的有税收资助的各种类型的建设项目——的关注转向对人的关注，这使其在众议院中的席位从 113 席猛增至 308 席，占总席位 480 席的 64%。与之相反，自由民主党所占席位则从 308 席骤然下跌至 119 席。民主党的强劲表现让人感到很吃惊，因为民主党是一个十分混杂的政治组织，它是由四个拥有不同意识形态的政党拼凑起来的。其中的两个政党由背叛自由民主党的人组成，另外两个政党则由已经消失的前社会党的一些成员构成。日本自由民主党以这样一种令自身蒙羞的方式败给新近成立的、思想尚不明确的民主党堪称日本政治中最大的冷门之一。

自由民主党惨败的主要原因是选民对之前连续三届执政的自由民主党政府的不满情绪日益高涨，这几届政府所选出的首相也都相对平庸，其间不仅经济毫无生气，而且党内丑闻不断、"近亲繁殖"频发。2009 年，参众两院的自由民主党成员中高达 35% 的人是前自由民主党政客的儿子或者近亲。

日本民主党在选举"宣言"中曾承诺要通过增加对医疗、教育以及其他方面的支出来促使本国经济复苏，同时还许下了包括降低中小企业税率、加强高新技术及环保产业发展、提供儿童津贴、保证免费高中教育及增加养老金和医疗保险等在内的一系列承诺。

然而，这些听起来很不错的内容却未曾付诸实践。缺少经验且在意识形态领域分化的政府并无力推行其在宣言中所承诺的众多内容，因为他们没有能力去资助这些项目。民主党也像自由民主党曾经历的那样，变得不那么稳固了。在民主党执政的这些年里日本先后更换了 3 位首相。

如果没有发生 2011 年 3 月 11 日那三场大的灾难——具有毁灭性的地震、海啸以及福岛第一核电站核反应堆事故——历史是否会对民主党更仁慈一些？答案已经无从知晓。然而，我们所知道的是面对全国性危机对领导力提出的挑战，民主党并没有有效应对。

果不其然，民主党政府最终提高了国家债务水平。为维持国家预算"平衡"，政府近一半的总支出都需要通过出售政府债券来实现。例如，在 2012 年预算中，48.9% 的经费源自政府债券的出售，其总量超过了当年 GDP 的 7%。经济未曾取得增长，工资也依旧停滞不前，甚至出现下跌。尽管失业率低于 4.5%，但很少有经济学家质疑实际失业率接近 9% 的事实。因为 4.5% 的失业率并没有考虑那些非充分就业雇员以及上文提及的其他雇员，也没有考虑到政府为促进企业对员工开展再培训或者维持冗员的现状所慷慨支付的补贴。

为了使日本的失业率维持在一种虚假的低位上，长期的经济停滞持续侵蚀着日本的终身雇佣制度。日本内务和通信部所提供的数据显示，临时雇员占总就业人数的比例已经从 2009 年的 32.8% 增加到 2013 年的 37.6%。其中女性临时雇员的比例远高于男性，2013年男性临时雇员占比为 17.9%，女性临时雇员占比则高达 52.9%。此外，"待业"和"飞特族"人数在 2009 年仍然处于高位，而且临时雇员人数仍在攀升，致使"相对贫困"的家庭——即经合组织所定义的那些家庭可支配收入不及中等家庭收入一半的家庭——总数不断增加，从 2009 年的 15.7% 上升到 2012 年的 17%。这一比例在34 个经合组织国家中位列第四，仅次于墨西哥、土耳其和美国。

在 2012 年 12 月的众议院选举中，日本民主党所获得的席位骤然下降到 57 个，而自由民主党却赢得了 294 个席位，超过了之前选举中获得 119 个席位的 2 倍。而公民党在众议院中占有 31 个席位，因此现在自由民主党即使没有其他盟友的支持也可以轻松拥有多数席位。

安倍晋三第二次担任日本首相后，很快任命黑田东彦为新任日本央行行长。黑田东彦强烈支持安倍"空前大胆的通货再膨胀"愿景，即寄希望于通过增加货币供给来结束持续的通货紧缩。2013 年1 月，中央银行和政府签订了一项协议，主要涉及以下两个方面的内容：为了在两年内实现2%的通胀目标，中央银行将以高于央行自2008年以来所维持的那种利率水平迅速增加货币供应量；政府方面则将尽全力重塑财政信誉，例如，减少已然占GDP的240%的债务总量，这一比例已达到全球最高值。

根据这项协议，安倍政府宣布了一项雄心勃勃的经济政策的细节，这一政策由"三支箭"组成，很快便被称为安倍经济学。所谓的"三支箭"是指以下三项内容。

（1）2013～2014财年，政府开支将达到13万亿日元（以100日元兑换1美元来计，约合1300亿美元，占GDP的2.5%），而且政府计划在未来十年投入200万亿日元以刺激经济增长。每年增加的政府支出将通过税收来提供经费支持，因而，与之相应，税收会有所增加，在未来十年，日本税收年增长率至少为2%。

（2）为达到2%的通货膨胀目标，日本央行将在两年内扩大它的基础货币数额——相当于GDP的1%，又或为平均每月600亿美元，相当于现有基础货币的2倍。这些货币或者在公众手中流转，或者成为商业银行在中央银行的存款准备金。（上述1%的比例是美联储2008～2013年调整日美两国GDP差异所保持的比例的2倍。）为了实现这一目标，银行将不得不放弃其长达5年间所拒绝采取的行动，即购买日本长期政府债券。

（3）推行连续多年的结构改革，以使未来十年日本实际GDP以2%的平均速率增加。然而安倍提议进行的改革由一系列含混模糊且雄心勃勃的改革项目组成，因而势必会遭到那些强大的利益集团的坚决反对。在长长的改革列表中，最为重要的内容是制定法律以增加投资，实现劳动力市场自由化，帮助更多的女性就业，推动创新，提升基础设施建设，更加有效地利用土地，提高农业的国际竞争力，并建立自由贸易区作为国际贸易自由化的一个组成部分。

即使按照世界标准，安倍经济学也是一个非常大胆的宏观经济政策试验，对此人们固然会产生严重的意见分歧。尽管对供给学派经济学的支持与反对在第一章中已经有所介绍，这里还是让我们在安倍经济学背景下再次对其加以阐述。

支持安倍经济学的人认为，以推行接近零利率政策为手段急剧增加基础货币有助于提升资产（股票、债券、房产、土地等）价格，并使日元贬值以促进出口。随着资产价格上升，社会上将出现"财富效应"现象——资产价格上升将帮助增加投资进而创造更多的就业岗位并提高工人的工资水平。不断增加的出口总量，同样可以提高利润，增加出口企业的就业岗位并提升员工工资水平。持续提高工资水平会进一步促进消费，从而使企业加大投资力度。尽管大规模的政府开支会在短期内带来财政赤字，但一旦经济增长水平超过了弥补财政赤字所需的程度，税收收入就会增加。"第三支箭"将改革经济行为及经济结构，进而提高效率、增强国际竞争力。

反对安倍经济学的人则认为，急剧增加基础货币将导致资产"泡沫"的出现，从而使资产所有者获益。但资产"泡沫"的"财富效应"并不会引发"滴漏效应"。例如，经济领域并不会出现人们所想象的那种结果，工资不断提高，促进需求增加，从而使企业加大投资力度。安倍经济学所带来的日元贬值结果纵然会增加出口，但同时也会增加进口产品的成本，尤其是能源和食物，这势必会降低大多数民众的生活水准。巨大的政府开支必然会大幅增加已然庞大的政府债务，这使日本政府面临财政危机的威胁——政府债券价格骤然下降，政府债券利率大幅攀升。在日本，近一半的税收收入需要用来支付债券利息，而政府难以承受如此沉重的负担。此外，日本自由民主党也不可能实现其在"第三支箭"中所说的要改革经济行为和经济结构，从而与政治上强大的利益集团为敌。

自 2012 年 12 月安倍担任首相以来，直至 2013 年 7 月上议院举行选举，安倍经济学最初对自由民主党是有益的。日经 225 指数（相当于日本的道–琼斯指数）在 2013 年春上涨了 60%，由于日元兑美元的汇率降低了近 20%，为 100∶1，日本出口额明显增加，而大众媒体对出口增加的大肆报道，最终使许多出口企业的利润得以提高。

出于对经济实现强劲增长以及使工资普遍得到提高的期待——这些期待基于上述提及的内容以及自由民主党对经济持续增长的乐观预测，加之一些经济学家和权威人士对安倍经济学的支持——自由民主党在参议院选举中取得了压倒性胜利。自由民主党赢得 115 个席位，它的联盟党公明党获得 20 个席位。而选举之前，参议院中有 242 个席位都控制在反对党手中，因为自由民主党仅拥有 84 个席位，公明党也只有 19 个席位。因而这次选举的胜利使自由民主党得以完全控制参众两院。

受安倍经济学在最初所取得的显著的成功经验的鼓舞，再加上自由民主党在参议院选举中获胜，安倍经济学的前两支"箭"在继续实施。也就是说，如日本央行所承诺的，基础货币持续增加，政府也继续执行扩张性财政政策。

但与此同时，绝大多数民众看到了他们的生活水平不断降低，因为物品价格持续提高，工资却迟迟不见上涨。除新鲜食品外的消费者物价指数（CPI）达到了 5 年内的最快增长值，而劳工部所提供的官方工资数据却显示，自 1998 年以来，平均工资未曾有任何提高。如人们所预料的那样，劳动力所得占 GDP 的比重在下降，而上文提及的失业人数及临时雇员人数却在上升。从 2014 年 4 月起，消费税从 5% 增加到 8%，这就使大多数民众的生活水平进一步下降。

然而到了 2014 年，下述现象就变得更加明显了。前两支"箭"的结果是造就了少数"赢家"和多数"输家"。前者主要由资产所有者（特别是股票持有者）构成，他们从价格上涨的股票中获益。此外，其中还包括大型汽车行业和其他一些企业的投资者、高级管理人员和雇员，他们均得益于持续增加的出口。后者则由那些占有很少财产，甚至不占有任何财产的人构成，占雇员总数70%的人都在非出口行业的中小企业中就职，他们的实际工资水平没有提升，原因在于，消费税增加导致消费价格指数上升，客观上使工人实际工资有所减少。事实上，根据厚生劳动省2015年4月3日所提供的数据，包括临时雇员在内的所有工人，他们每月的现金收入仅比2014年2月增加了0.5%。这就意味着，"消费税增加所带来的价格水平上升，使得实际工资水平下降了2个百分点，这样，在过去22个月的时间里，实际工资水平持续保持下滑状态"。简言之，所谓的"滴漏效应"将增加财产价值、扩大出口，进而提高实际工资和消费需求的良性循环并没有出现。"第三支箭"所承诺的通过结构改革以推动经济增长的诺言也并未付诸行动，故始终没有兑现。

为了应对经济持续疲软的现状，2014年10月日本央行出人意料地宣布将增加主要集中于政府债券的资产购买计划，从原来的每月600亿美元增加到800亿美元。接着，2014年12月2日，安培首相又宣布将在12月提前举行众议院选举，使正常的下一届选举时间整整提前了两年。之所以做出提前大选的决定，是出于对下列原因的考虑：安倍希望重塑其在选举中的优势地位以持续推行安倍经济学；继续执行他所主张的民族主义政策（通过修改宪法使日本获得"集体自卫权"，例如，运用日本军事力量以实现自卫、增加国防预算、武器出口等）；夯实其在自由民主党中的地位，并继续保持对该党的领导；进一步利用诸多政党对提前大选准备不足这一弊端削弱日本民主党及其他政党的力量。

选举结果使安倍如愿以偿，他在选举中不断呼吁"安倍经济学是唯一的选择"。就连他自己也承认，这是在效仿20世纪80年代英国撒切尔夫人所打出的竞选口号"TINA"——There is no alternative，即"别无选择"。尽管自由民主党所获得的总席位数减少了2个，但其联盟伙伴公明党获得了4个席位，这样联盟获得的总席位数就净增了2

个，最终联盟总共占据了 475 个席位中的 326 个（同上一次选举结果相比，联盟所占席位数少了 5 个，这主要是 2012 年新制定的选举法所致）。但选民参加率仅为 52.66%，这是历届众议院选举中选民参加率的最低值。与此同时，日本民主党以牺牲另外 5 个小政党为代价，使其所获席位数从 62 个增加到 73 个。出乎意料的是，日本共产党增加了 13 个席位，从 8 个上升至 21 个。

步入 2015 年之后，下述事实变得不容争辩。

实际工资水平自 1997 年达到峰值后始终处于停滞状态。2014 年，实际工资水平较 1997 年下降了 13.9%，而且根本没有迅速回升的迹象，这是因为对绝大多数工人来说，工资的增长远滞后于 CPI 的增长。正如第二章中所提及的，日本的收入和财富分配差距仍在持续扩大。

由于包括医疗以及护理、照顾老人在内的社会保障支出持续走高，而且政府决定在国防开支方面投入创纪录的 420 亿美元，再加上债务还本付息成本高达 2000 亿美元，2015 年国家财政预算高达 8140 亿美元，比 2014 年多 40 亿美元。然而，预估税收总收入为 4600 亿美元，因此政府为了大体"平衡"财政预算，需要卖掉价值 3560 亿美元的政府债券，这样，政府又陷入了新的赤字财政状态，其总量高达 GDP 的 7.3%，位列经合组织成员国之首。

安倍政府要实现"第三支箭"所预设的目标实在是希望渺茫，该目标为"强烈反对既得利益集团、促进结构的实质性变化以实现经济复苏"。① 正如在众多贸易自由化的国际谈判中所体现的那样，自由民主党政府所依赖的选举和竞选"基石"已经决定了他们是最不可能试图"松动这一基石"并实现其所承诺的具有实质意义的结构改革的。

---

① 这是安倍引自一份主要的日本月刊《世界》（*Sekai*）的一句话。

　　此外，安倍政府在阐述其所主张的政策方面可谓滔滔不绝，但在对环境保护政策进行相关讨论方面，安倍却沉默寡言。这在下面两个事件中体现得更是淋漓尽致。其一是安倍自己几乎从未提及他所主张的环境政策，其二则是在秘鲁首都利马举行的 2014 年联合国气候变化大会上，日本首席谈判代表因本国政府拒绝支持决议草案而受到严厉批评，该项草案要求近 200 个国家和地区明确说明各自二氧化碳减排的目标。

　　与此同时，选民参与率自 20 世纪 80 年代以来始终处于下滑态势。"挖空的民主"[①] 这一趋势正在被其他发达资本主义国家所复制，相关内容将在第十一章中展开讨论。这一趋势已然在 2015 年 4 月 12 日举行的 10 个地方长官选举以及 41 个地方议会成员选举中得以证实。参加地方长官选举投票的民众有 47.14%，参加地方议会成员选举投票的民众有 45.05%。二者均为历届选举民众参与率的最低值。[②]

　　前面所概述的 20 世纪 80 年代以来日本的政治经济现状已经毫无悬念地表明，日本的资本主义民主制度已经濒临不得不改的地步，所谓的"第三支箭"不过是这一变革的一个组成部分而已。

---

① 《朝日新闻》2015 年 4 月 12 日。

② 《日本时报》2015 年 4 月 13 日。

第七章
处在系统变革十字路口的德国

20 世纪 80 年代以来，特别是在 21 世纪初，德国成为一个由具有社会民主传统和本质上基于供给学派经济学的经济政策而构成的神秘混合物。本章论述的主要目的是试图使读者理解 80 年代以来，在从已有传统转向对资本主义民主制度本身进行必要革新的背景下，德国的政治经济政策是如何进行变革的。

1980 ~ 2008 年，德国政策向右偏移

到 20 世纪 80 年代，前西德在二战后所呈现的"经济奇迹"（Wirtschaftswunder）已经不复存在。尽管在 80 年代，前西德的出口仍旧保持着比较好的状态，平均贸易顺差可以占到 GDP 的 2% 左右，但是 GDP 的增速已经明显低于战后几十年的增速，平均增长率低于 2%，且失业率高高徘徊在 7% ~ 8%。

1982 ~ 1998 年，由中右翼的基督教民主联盟（CDU）和其姊妹党拜仁基督教社会联盟（CSU）共同支持的赫尔穆特·科尔担任德国总理。他在德国统一及欧盟的建设过程中起着主导作用。他简化

了大量政府规定，并使大众汽车、德国汉莎航空公司以及其他许多大型国有企业私有化。科尔是一个财政保守主义者，因而总是试图使税收水平降到最低。但在1990年德国统一后，他不得不采取提高税收的方式以帮助前东德的发展。

东德西德的统一给德国增加了一个巨大的难题。其中包括重新调整中央计划经济以及为前东德工人寻找就业机会，统一后的德国其工人总数增加了近1/3。但许多失业的前东德工人由于所接受的培训相对匮乏，无力迅速融入开放的、具有竞争性的市场经济当中，因而为他们寻找就业机会是相当困难的。此外，为了能迅速将前东德工人的工资水平提高到相对较高的前西德工人的工资水平，政府需付出巨大努力，并且会面临大量显著且难以克服的困难。

直至90年代末，前东德地区的失业率仍在不断上升，并且社会的基本运行需要依靠联邦政府补贴以及由前西德地区各州纳税人所缴纳的"团结税"等其他各种转移支付来予以维持。这些支付在20世纪末之前就已超过了2万亿美元。对前西德地区的民众来说，为前东德地区提供经济援助是一项十分沉重的负担，这是因为在整个20世纪80年代，经济都处在一种步履蹒跚的境况之中。90年代，德国经济平均增长率仍低于2%，前西德的失业率在9%左右，前东德的失业率超过了18%。新世纪伊始，当美国、英国、法国以及多数经合组织成员国的经济状况逐渐好转时，德国仍被称作"欧洲病人"。

德国在20世纪最后十年以及跨入新世纪时经济表现萧条的一个重要原因是1999年德国马克正向欧元过渡。就今天来说，欧元区经济体的实际利率已经非常接近，但那时候的实际利率对于通货膨胀率在接近零的水平徘徊的德国来说就太高了。因此，当其他欧元区经济体以更高的通货膨胀率刺激经济，即通过较低的实际利率来借款以促进经济增长时，德国无力采取类似的手段刺激经济复苏，因而在 2000～2003 年德国只取得了不足 1% 的平均增长率。结果，德国的失业率始终高居不下，公共债务不断增多，且福利项目成本持续上扬。

正是在这种情况下，1998 年担任德国总理的社会民主党成员格哈德·施罗德于 2003 年采取了一项广泛且具有前瞻性的政策，即施罗德所称的"第三条道路"。这项政策与社会民主党通常所倡导的政策相比明显向右偏移，该政策的核心内容就是 2003～2005 年所进行的哈尔茨改革（以起草改革法案的哈尔茨委员会主席彼得·哈尔茨的名字命名）。改革的目标是变革福利体系，并使劳动力市场从众多条规和那些限制雇佣行为的根深蒂固的习惯中解脱出来，实现劳动力市场自由化。

哈尔茨改革的多数内容是以削减福利开支为目标的，特别是削减失业救济和社会救助，降低最低工资水平，以及调低高收入人群税率等举措。结果，工资差距迅速拉大，与此相应，制造业从中受益，因为它们可以雇佣临时工作机构派来的临时雇员，企业支付给这些临时雇员的工资远低于本企业的正式员工。哈尔茨改革的最大受益者是汽车产业，因为汽车产业得以减少其工资开支，并调整劳动力的灵活度以促进市场环境发生变化，当然这些行为必然招致工会组织的强烈反对。此外，哈尔茨改革也会减小对那些在公共部门以及劳动力市场其他部门从业的人员的就业保护力度，并修改众多现有的积极劳动市场政策，而这些积极劳动市场政策正是通过运用公共基金专注于对工人进行培训并创造新的就业机会。正如第二章以及本章后面所提及的，这些举措不可避免地会扩大收入分配差距。

哈尔茨改革未能迅速地减少失业人数。尽管这项改革无形中起到了冻结多数雇佣工人实际工资水平的作用，并且迫使被雇佣者接受改革所创设出来的那些使工人生活维持在一种缺乏经济安全感且处于低收入状态的"迷你工作"，但失业率仍然从 2003 年的 10.5% 上升到

2005 年的 11.7%。所谓的"迷你工作"是指临时性工作，这些工作的出现是由于哈尔茨改革取消了每月收入低于 400 欧元（2011 年又调高至 450 欧元）的从业者的工资税。由于 2004 年的经济增长仅为 1.2%，2005 年更是只有 0.7%，且改革导致失业率居高不下，再加上其他一系列负面影响，社会民主党在 2005 年的选举中落败。

没有任何一个政党能够单独抑或同他们各自的联合政党在联邦议会（众议院）选举中获得组建新政府的足够支持力度，为此，2005 年拉开政治序幕的是一个由基督教民主联盟、基督教社会联盟和社会民主党共同组成的广泛联合政府。安格拉·默克尔赢得了同德国社会民主党长期谈判的最终胜利，从而成为德国第一任女总理。在这种大联盟的背景下，默克尔所推行的政策总是会受到牵绊，而且她还不得不将 16 个内阁席位中的 8 个分给社会民主党，其中包括很关键的财政部部长一职。

尽管存在这些限制，默克尔仍继续推行削减财政赤字的稳健政策，以及多种多样的政府法规。她还采取了缓解出生率下降而带来的负面影响的一些政策，如提供更多的儿童保健基金，并为工人家庭提供补贴。

默克尔在她 5 年任期（2005～2009 年）的前 3 年里并没能实现基督教民主联盟、基督教社会联盟在竞选中所承诺的目标。但是，默克尔政府通过利用世界经济发展的红利，在很大程度上创造了有利条件以增加出口，这在德国更多地被称为"默克尔效应"。默克尔的乐观情绪也融入了许多选民的意识当中，基于此，被视为"欧洲病夫"的德国正在逐渐恢复往日的荣光。与积极乐观的情绪相辅相成且最为有利的是，伴随欧元区逐渐增加的产出，以及中国和其他新兴经济体的稳步发展，德国对欧元区其他各经济体的出口不断增加。这很大程度上促使大中型企业在德国辉煌时期生产了众多高品质商品（如机械设备、汽车以及化工产品）。

下面呈现的是德国经济在受到全球大衰退冲击之前的一些数据。2005～2008年的数据彰显了"默克尔效应"出现的原因以及何以她的支持率能够在2007～2008年高达85%。在2008年GDP增长率跌至1.5%之前，2006年和2007年的增长率基本上都维持在3%～4%，此外，失业率在此期间也逐步下降，从2005年的11%降至2008年的8%。德国的往来账户余额在2007～2008年也从2%增加到5%～6%，预算余额同样迅速得到改善，2005年为－4%，而到了2007年和2008年预算则实现了平衡。

然而，这些年经济得以改善的同时，德国所付出的代价却是收入和财富分配差距明显扩大。施罗德政府推行的劳动力市场自由化政策以及其后默克尔政府推行的商业税收和补贴政策，使劳动收入占GDP的比重逐渐下降，而资本所得占GDP的比重则不断上升。威斯巴登联邦统计局的报告显示，前者从2005年的71.2%下降至2008年的67.2%，后者从2005年的28.8%上升至2008年的32.8%。此外，正如第二章所提及的，基尼系数也从2000年的0.265增加到2005年的0.285，随即又在2008年攀升至0.295。也就是说，这一数值从接近2000年基尼系数较低的斯堪的纳维亚的水平，逐渐接近2008年经合组织成员国家的平均水平0.300。

透过这些数据，经合组织2008年的一份研究报告认为：

在战后一段较长的时间里，同其他国家相比，德国的收入差距一直保持在相对小的范围内。但现在德国在收入差距方面已然接近经合组织的平均水平……没有任何劳动收入的家庭数量从15.2%增加到19.4%。目前，已有近1/5的家庭需要在不同程度上依靠国家福利的支撑才能维持基本生活，这一比值已经达到经合组织成员国的最高值。而今德国的这一数值仍在迅速增加，其增速仅次于匈牙利和土耳其。

此外，经合组织的这份研究报告还对 2008 年德国的收入差距给予了特别关注。

在德国，收入最高的 10% 的人所获得的平均收入是收入最低的 10% 的人的平均收入的 8 倍，前者控制了总收入的 1/4。德国财富分配也变得更加不均衡，最富裕的 10% 的人占据着近一半的国家总资产。德国政府所发布的最新财富和贫困报告显示，处在社会底层的 50% 的家庭仅拥有 2% 的总资产。与此同时，超过 300 万个德国家庭处在资不抵债的境况之中。个人或者家庭不得不接受这一现实，即他们的平均债务已高达 2.3 万欧元，但每月的收入却低于 900 欧元。

这份研究报告还补充道：

在德国，父母的职业和收入对孩子受教育前景的影响较其他发达资本主义国家而言显得更为突出。如果父母有着地位较高的工作，那么他们的孩子就能够比那些父母从事卑微的或者薪水较低的工作的孩子接受到更好的教育（这是国际学生能力评估计划 PISA 所给出的结果）。

然而，值得注意的是，尽管我们不能掌握精确的数据，但收入分配差距（以及不同阶级间流动率的下降）可以折射出大量移民的存在。2008 年，生活在德国的人口中有 1500 万人拥有移民背景。这一数据包括了德国所有的移民，以及那些出生在德国，但父母双方中有一方是移民的人群。其中 700 万人依旧保留着外国国籍，而剩下的 800 万人已经获得了德国国籍。由于多数移民都是非技术型工人，他们很难改善自身的经济环境。

正如在第一章所谈及的，德国也和日本以及其他一些欧洲国家一样表现出明显的出生率下降、预期人口寿命延长的趋势。但又和日本不同的是，德国因为有着较高的移民率，故而阻止了人口数量在整体上的萎缩。不过，尽管如此，德国工人人数同领取养老金人数之间的比率仍然在不断下降。2008 年，这一比率只有 2.2，基于人口变化趋势来预测，未来十年这一比例还将低于 2.0。这就是为什么 2005～2008 年联合政府采取了多样化政策以增加儿童数量，如提高儿童补助金以及增加幼儿园的数量等。

德国尽管拥有庞大的出口规模，金融机构也发放了大量贷款并在世界范围内进行投资，但仍未能对 2008 年经济大衰退的影响内生出免疫力。

2008 年德国的开局是积极乐观的，在上半年就有约 73 亿欧元的预算盈余。2009 年德国的预算被获准通过，即在 2011 年实现国家零债务，而且，失业人数也在逐渐下降，2008 年秋，失业人数已经从近 400 万减少至 320 万。但随着美国金融风波引发国际信贷紧缩，同年 11 月，德国被拖进了严重的经济衰退的泥潭，这使其不得不放弃预算平衡政策，转而采取包括刺激支出的 500 亿欧元在内的赤字财政预算政策。2008 年底，德国 GDP 萎缩了 5.1%。德国经济严重收缩的原因在于作为国家经济增长引擎的出口额骤然下降。2008年，德国对欧盟其他国家的出口下降了 7.1%，对欧盟以外国家的出口也下降了 1.6%。

2008 年 9 月，金融危机在德国全面爆发，即将破产的大型银行许珀不动产银行总负债已接近 2000 亿欧元。10 月，联邦议会颁布了一项 5000 亿欧元刺激政策以支持国家的金融行业，同时，金融市场稳定性法律（*Finanzmarktstabilisierungsgesetz*）创设了一项高达 4000亿欧元的基金，用于确保金融机构的稳定。

直至 2008 年底，德国仍很少有人会预测到他们的政府和财政资源将不得不在未来几年中持续应对严重的欧元和金融危机。

针对德国和欧盟的默克尔紧缩政策

2009～2011年，与经合组织其他成员国相比，德国经济从全球金融危机带来的严重后果中较为迅速地恢复过来。尽管德国经济增速于2008年骤然出现下降，但经济增长率在2010年和2011年又分别恢复到4.2%和3.0%。失业率在2009年上升了不到半个百分点，但在2010年和2011年又重新回到危机前7%的水平。经常项目差额从2008年的1780亿美元跌至2009年的1390亿美元，但在2010年和2011年又迅速出现了反弹，分别为2200亿美元和2150亿美元。

尽管这些年全球贸易额在下降，但德国的出口却出现了增长，这是由于它具备完善的技术优势，而且2003年以来德国工人的实际工资率的上升水平低于其他经合组织国家，尤其是低于欧盟的一些国家，而后者恰恰又是德国产品最重要的进口商，这些造就了德国工业企业的国际竞争力。相关数据还表明，2005～2013年德国制造业劳动生产率高于实际工资水平的增长率（2014年劳动生产率的可靠数据也同样适用），这一方面铸就了德国的出口实力，另一方面也使收入分配差距不断扩大。

由于2009年和2010年德国采取了刺激支出政策，财政赤字在这两年间迅速上升——上升幅度分别为3.1%和4.1%。这两年的赤字水平突破了欧盟3%的底线。然而，2011年的预算接近平衡（为GDP总量的-0.8%），2012年还实现了少量盈余（0.2%）。

从2009年起，欧盟许多经济体面临着预算危机和银行信贷危机，甚至连欧元的前景也开始遭人质疑，而就在此时，正如经济学家所恰当描述的，德国成了欧盟"不情愿的霸主"。为此，德国不得不担起政治和金融方面的领导任务以拯救欧元，从而解决欧盟一些成员国的预算和银行危机。默克尔面临的任务并不值得艳羡，因为她需要在两种不同的愿景中找到一种平衡：一是将欧元和欧盟一些国家从金融危机中拯救出来，二是出于维护其国内政治基础且不与保守派原则相背离的考虑，她要避免增加德国纳税人的负担。正如德国著名社会学家和哲学家尤尔根·哈贝马斯（Jürgen Hebermas）所言，默克尔面临的形势是，"欧盟命运的关键掌控在德国政府领导人手中。主要问题不仅在于德国是否能够主动去做，还在于德国是否有兴趣去这样做"。①

德国大众传媒将 2009 年 9 月举行的大选称为 "langweilig" ——无聊的大选，首先是因为挥之不去的"默克尔效应"的存在，其次选民并不愿意在经济危机时期更换总理，毕竟更换与否对经济发展来讲其结果都是毫无悬念的。最后，基督教民主联盟、基督教社会联盟及其联盟伙伴中间偏右的德国自由民主党轻松获胜，默克尔再度连任，此时她的力量已经足以摆脱社会民主党的限制，进而重建另一个大联合政府。"默克尔效应"始终保持着活力。2010 年和 2011 年的众多民意调查显示，默克尔的支持率在 62% ~ 74%，反映出选民对她的高度信任，然而民众对基督教民主联盟的支持率却只在 38% 至 40% 之间徘徊。

但 2012 年 3 月在北莱茵 - 威斯特伐利亚举行的州选举中，基督教民主联盟却在这个富裕的、拥有 1800 万人口的工业化地区遭到惨败，越来越多的选民认为默克尔过于迁就欧盟政策，认为她是在以牺牲德国纳税人的利益为代价来帮助其他欧盟经济体摆脱金融危机，因而民众对基督教民主联盟的国内政策积累了越来越多的不满情绪。此外，在日本海啸引发堪比切尔诺贝利事件的福岛核电站事故仅两个月后，也就是在 2011 年 5 月，默克尔宣布立即关闭正在运营的 17

---

① 《经济学人》2013 年 6 月 15 日。

个核反应堆中的 8 个，而且将在 2022 年关闭所有的核电站。

这是能源政策领域中的一场突如其来且剧烈的变化，也就是人们所说的 "Energywende"（能源转换，即改变能源政策），毕竟 2011 年 17.7% 的国家电力供应都是通过核电厂来实现的。尽管如此，默克尔愿意接受实施新的能源政策所付出的政治成本，即势必会提高消费者的电力使用成本，进一步加重核能产业的成本。因为默克尔确信，相关政策的实施将促使德国转向对可再生能源的使用，同时创造新的就业机会，发展并出口新技术。默克尔在能源及环境方面的观点和认识与日本首相安倍截然不同，安倍主张尽快且尽可能多地重启那些因福岛核电站事故的发生而被迫关闭的核电厂，此外，正如前文所提及的，日本政府在环境问题方面几乎未做任何承诺。

步入 2012 年，民众对默克尔政府国内政策的批评，特别是对社会福利项目资金资助不足以及能源政策的批评已经越发变得"直言不讳"。更具体地说，选民们批评她不愿支持国家最低工资法案，不愿大幅增加育儿补贴，也不愿增加那些在家中照看孩子的父母的津贴，以及投入更多资金来改善公共交通设施。这些批评的本质在于他们认为默克尔过多地关注如何实现预算平衡，而对民众的切实需求却关注较少。

然而，从 2012 年起到 2013 年夏，当其他欧元经济体再度陷入经济衰退，并且中国以及其他新兴经济体的增长也开始放缓时，德国经济不仅成功避免了衰退，反而还有所增长，尽管增长比例有限——平均增长率尚且低于 1%。德国之所以能够维持良好的经济表现主要有两方面的因素：首先在于其具有雄厚的技术优势，拥有能够迅速恢复活力且保持国际竞争力的出口行业；其次要归功于 2003 年以来包括哈尔茨改革在内的向右偏移的经济政策，这些政策使工人的实际工资水平处于受压制的状态。

位于柏林的德国经济研究所的大量研究提供了关于收入和财富分

配差距扩大的分析和数据，认为原因主要在于向右偏移的经济政策。

富人和穷人之间的差距在持续扩大，而原本属于中等收入群体的一些人正逐步滑入低收入行列，因此中等收入群体的规模不断缩水。高收入群体的人数在稳步增加，而低收入群体的人数则是在迅猛增加。截至 2013 年 3 月，只有 60% 的德国人维持在中等收入者的队伍当中，也就是说其家庭月收入为 860～1844 欧元。同 21 世纪初对通货膨胀进行调整后中等收入者所占的比例（66%）相比，这一时期中等收入者的占比下降了 6 个百分点。同期，低收入群体的人数，即家庭收入低于 860 欧元的比例却从 18% 上升到 23%。2000 年前后低收入群体的收益中位数为 680 欧元，到了 2013 年这一数值却下降到 645 欧元。尽管失业率在逐步降低，但是工人的收益中位数却持续下滑。

2013 年春，14% 的德国人处于贫困状态，所谓贫困状态是指那些收入低于中等收入 60% 的人。与此同时，百万富翁（以美元计）的数量约有 43 万人，这是 21 世纪伊始百万富翁人数稳步上升以来所达到的最高值，而且从 2011 年开始人数迅速增长，已攀升至 23% 的高点。通过对这些数据以及类似数据进行观察，并充分关注德国经济研究所的相关成果，我们可以得出结论："这一趋势会对整体社会的健康产生严重影响"，这是因为"国家日益增长的财富并没有实现战后德国所喊出的伟大战斗口号，即促使全体社会成员实现共同富裕"。

德国经济研究所的研究成果还表明，从 2000 年开始，德国社会的纵向流动较 2000 年之前而言稳步下降。事实证明，那些出身贫寒的人，他们深陷贫困而无力自拔的可能性变得越来越大，处于社会底层的 40% 的人中有 70% 都未曾突破这一"壁垒"，直至 2013 年仍处在社会底层。用两位研究人员（马丁·格林和简·戈贝尔）的话说（当然这也是德国经济研究所的最新研究成果之一），就是"人们的社会交往越来越少。与收入分配两极分化相对应的便是社会日益被分割为上、中、低收入阶层"。

在 2013 年 2 月德国杂志 *Stern* 所进行的一项民意测验中，58%的人认为"收入不平等——以及更广泛的社会公正——正在重新回归德国政治的议程，而且我们确信在秋季举行的联邦选举中将会上演一场激烈的竞争"。

然而，在 2013 年 2 月举行的选举中，42% 的选民投票支持基督教民主联盟，从而确保基督教民主联盟获得了 50% 的席位。由于基督教民主联盟的合作伙伴德国自由民主党在联邦议会中失去了所有的席位（未获得总票数的 5%），默克尔无力形成一个新的基督教民主联盟政府。为此，她被迫再次同社会民主党组成更广泛的联盟政府，而社会民主党承诺要采取大量政策以调整日益加剧的收入和财富分配不均态势。

2014 年 7 月，在社会民主党的要求下，德国颁布了第一部最低工资法。法案规定最低工资为 8.5 欧元（约合 11.5 美元），并于 2015 年开始实施。但该项法案因延迟颁布并排除了一些类型的工作，故受到工会组织的强烈反对。尽管德国的最低工资标准高于美国（美国为 7 美元 25 美分），但就德国希望"矫正"停滞不前的实际工资水平来说，这只是迈出了第一步，而实际工资水平恰恰是收入分配差距日益扩大的主要原因。

尽管有了 *Stern* 的民意调查结果，但为了使出口导向型经济成功运行，多数德国人拒绝接受另外一种可增加国内消费并缩小收入分配差距的替代方案，默克尔再度担任德国总理就是最好的说明。正是由于做出了这样的选择，德国的储蓄率在 2014 年上升至 11.4%，位列经合组织成员国家之首，其主要原因就在于高收入者的高储蓄率。

在默克尔任职期间，德国也同样不去理会其他欧盟国家对其高积累政策所做出的越来越多的批评。出口导向型经济使德国采取了以邻为壑的政策，限制欧盟其他国家对德国的出口额度。由于德国的贸易伙伴和自身之间存在着持续的贸易逆差，因而迄今为止，德国仍在各大资本主义国家中保持着最大幅度的人均贸易顺差。

随着欧盟持续努力成为一个拥有统一财政和银行业规范的政治联盟，欧元危机还将继续下去。默克尔和相当一部分德国人依旧坚信欧盟国家必须学会如何通过推行劳动力市场自由化政策以及平衡财政预算，实现由"欧洲病夫"向欧洲经济发动机的转变，否则欧盟经济衰弱的表现还将持续下去。

同欧盟其他国家一样，目前德国也存在着一个新的反欧元、反移民的右派民粹主义政党，即 2013 年成立的德国选择党（Alternative für Deutschland，AfD）。在 2014 年欧洲议会选举中，德国选择党获得了德国 98 个席位中的 7 个。而且在近期举行的州议会选举中，德国选择党也赢得了相当数量的选票。① 这并不意味着德国选择党将成为全国选举中的一个强劲竞争对手。但该党的出现和壮大清晰表明，同其他发达资本主义国家一样，德国的民主也面临着日益严峻的挑战。

步入 2015 年，德国俨然处在一个十字路口。继续执行默克尔领导的保守的财政紧缩政策意味着德国经济增长将持续放缓，而且收入和财富分配差距不断扩大的趋势也将持续加强。德国政治家和选民现在必须考虑"跳出箱子"，唯有此，德国才能迎来制度变革，并采取面向未来投资的系列政策，以促使德国资本主义及其民主迎来持久而繁荣的未来。②

---

① 在萨克森州、勃兰登堡州、图林根州，德国选择党分别获得了 10% 左右的选票，2015 年 2 月在汉堡州获得 7.4% 的选票。

② 对于有兴趣的读者，下述两部著作的分析和阐释将有助于更好地理解德国和日本近期的发展动态，这两部著作分别是：Kozo Yamamura and Wolfgang Streeck eds.，*Germany and Japan：The Future of Nationally Embedded Capitalism in a Global Economy*，Cornell University Press，2001；Wolfgang Streeck and Kozo Yamamura eds.，*The End of Diversity? Prospects for German and Japanese Capitalism*，Cornell University Press，2003。

第八章
深陷系统性危机的欧盟其他国家

这一章中将对法国、英国、意大利和西班牙自20世纪80年代以来所面临的制度危机做简要的概述。相关概述是为了说明不仅这些国家会发生系统性危机，其他发达资本主义国家，如韩国、澳大利亚和新西兰，在今天也都面临着系统性危机，而且这些国家爆发系统性危机的原因在本质上同其他发达资本主义经济体是一样的。

本章前半部分分别对上面提及的四个国家在1980～2007年经济大衰退爆发前这一时期的经济表现和政治变革进行简要概括，后半部分则集中阐释了2008年以后的一些情况。

在法国，社会党总统弗朗索瓦·密特朗（1981～1995年）所采取的经济政策包括对十几个最大的工业企业集团和银行进行国有化改革，但未能有效降低失业率以及通货膨胀率。1981～1985年法国经济的平均增长率仅为0.5%。虽然在1986～1994年经济条件有所改善，但平均增长率也只有2.12%。1995～2007年，保守派政党人民运动联盟（L'Union pour un mouvement populaire）的雅克·希拉克担任法国总统时，法国经济平均增长率又下降到1.08%。希拉克政府为提高经济增长率而采取了国有资产及国有大型企业私有化政策，并减少商业及金融机构方面的管理规章。但客观的增长率证明，希拉克的"小政府"政策是无效的。

1980~2007年，法国始终处于高失业率（1986年后失业率一直徘徊在10%~12%）和贸易平衡日趋恶化的状况之中。这是由于法国工业在采取新技术方面较为滞后，再加上僵化的劳动力市场带来了沉重的负担，其国际竞争力日益下降。事实上，与欧盟其他经济体相比，法国政府拥有为数更多的大型、低效率企业，此外希拉克为达到欧盟所要求的财政赤字不得超过GDP的3%的标准，还采取了削减财政赤字的举措，特别是在他的第一任期，这一举措显得更为突出。而这也成为抑制经济增长的重要因素。2008年，当全球金融危机爆发时，法国GDP急剧萎缩了3.15%。

在英国，保守派首相玛格丽特·撒切尔（1979~1990年）非常积极地落实供给学派的主张，大力推进国有企业私有化并推行减税政策。但经济增长率在20世纪80年代只有2.13%。撒切尔夫人所采取的关闭国有企业以及削减财政赤字的政策使失业率增加了一倍多，失业人数从1979年的150万上升到1982年的300多万，1984年又再度攀升至330万，随后出现了缓慢下降，到1990年失业人数降至160万。

因此，无论以何种客观标准进行评判，毫无疑问的是，撒切尔主义在促进经济增长方面的表现是失败的，不仅如此，其还扩大了收入差距，通过严格立法削弱工会力量，打压本土制造业，扶持金融行业迅速成长。撒切尔所推行的政策还带来了一系列持久性影响，例如，收入分配差距扩大导致需求增长放缓；制造业缺少国际竞争力导致长期贸易逆差的存在；2008年以来为帮助处于危机之中的庞大金融机构渡过难关付出高昂成本——这些影响直到今天还在困扰着英国经济。

1990~2007年，尽管英国经济在20世纪90年代后半期遭遇了一场衰退，但英国还是设法实现了 2.68% 的平均增长率。然而，失业率却下降得非常迟缓，在这期间从 10% 缓慢降至 6%。约翰·梅杰所在的保守党执掌政权 7 年（1990~1997 年）后，托尼·布莱尔领导的工党于 1997 年再度执政。

在布莱尔执政的 10 年中，英国经济以 2.40% 的平均速度持续增长。尽管布莱尔政府于 1998 年颁布了第一部全国最低工资法案，但和美国总统克林顿一样，布莱尔同样能够赢得选民对他的支持，从而确保其在选举中获胜。布莱尔推行的政策所追求的价值与传统工党追求的价值有着根本的不同。这在下列事实中有着清晰的体现，例如，他仍继续保持着撒切尔执政时期所制定的限制工会行动的多数法令规章，在教育和医疗领域引入大量的市场化改革，减少对多种福利项目的支出。英国的 GDP 在 2008 年萎缩了 3.79%。

意大利在 1980~2007 年的经济表现较同期的法国和英国而言显得更为萧条和不景气。1980~1993 年，意大利经济的平均增长率为 1.84%，1994~2007 年为 1.52%。2008 年则为 -1.16%，2009 年更是出现大的滑坡，为 -5.49%。

在 20 世纪 80 年代前 5 年的时间里，意大利先后产生了 3 位总理，其间意大利经济的平均增长率为 0.5%。迅猛的通货膨胀给经济带来了持续的、挥之不去的影响，如总计占 GDP 10% 的年度预算赤字、里拉走软以及高失业率的出现。20 世纪 80 年代中期，政府成功削减了财政赤字并减缓了通货膨胀，使里拉趋于稳定。因而到 90 年代初，意大利经济的平均增长率上升至 2%。

然而，对意大利来讲，90 年代初的几年中，其甚至已无力维持较低的经济增长率。在这期间，意大利先后经历了四届政府，他们都不得不同政治不稳定、财政赤字增加、出口日趋减少、高通货膨胀率以及高失业率进行斗争。90 年代后半叶，意大利甚至不得不出售一些国有的低效率企业并放松监管。此外，为了使其财政赤字低于 GDP 的 3% 以满足欧盟成员国赤字率不得超过 3% 这一上限要求，意大利政府极力削减财政赤字。在此期间，意大利经济平均增长率降至 0.64%。

1980～2007 年，西班牙的经济表现在四个国家中是最佳的。1981 年西班牙的 GDP 降低了 0.2%，但随后便迎来了稳步增长，因而在整个 80 年代，西班牙的增长率达到 3.07%。究其本源，西班牙工人社会党的费利佩·冈萨雷斯·马克斯在担任首相期间（1986～1996 年）采取了强有力的政策，他也是西班牙迄今为止任职时间最长的首相。尽管他不得不采取财政紧缩政策以抑制通货膨胀，但他的政策总体上是成功的。他推行了其所在政党绝大多数人都会反对的政策，这些政策包括推动产业现代化、国有企业私有化以及劳动力市场自由化等。这些政策加上其他一些非社会主义政策逐渐缓解了高通货膨胀并降低了高失业率以及庞大的贸易赤字。

在度过了 20 世纪 90 年代初头两年的经济衰退后，直至 2007 年，西班牙经济增长率始终保持在 3.29% 的水平。之所以会出现这一现象，出现房地产市场蓬勃发展之景，主要原因在于西班牙国家银行如同其他欧元区国家银行一样可以轻易地以有利的实际利率从世界资本市场中借钱。但对房地产市场过度投资，以及 2008 年的金融危机，导致房地产行业的蓬勃发展势头终止了，经济开始出现萎缩，2008 年萎缩了 0.87%，2009 年更是萎缩了 3.75%。

金融危机爆发后，2009 年发生在希腊、爱尔兰和葡萄牙的主权债务危机和金融机构危机导致欧盟出现欧元危机。结果，法、英、意、西四国的经济只能维持一种低增长，不仅如此，它们在 2009 年和 2010 年又再度遭遇衰退。

跨入 2010 年，这四个国家的经济仍处于一种低增长的状态之中，并因采取了以供给学派经济学为基础的具有误导性的紧缩政策，而不得不承受其所引发的消极性影响。为了强调这四个国家的现有资本主义体系亟须进行一场系统性变革，下面对大家都有所了解的内容进行最大程度的也较有选择性的概述和总结。

在法国，社会党总统弗朗索瓦·奥朗德不得不背弃他在 2012 年竞选期间所做出的承诺，即对富人征收更高的税额。为了实施他本人刚刚同意采纳的财政紧缩政策，2014 年 9 月，奥朗德被迫解雇了 3 名内阁成员，因为他们强烈反对这一紧缩政策以及亲商业的税收政策。其中被解雇的一名内阁成员是担任法国经济部长的蒙特布赫（Arnaud Montebourg），他说：

> 政府之所以决定采取削减公共开支的紧缩政策，是因为经济危机无限期延长和不断恶化，并且欧洲民众为此承受着无谓的痛苦。①

奥朗德背弃了自己最初的承诺，转而采取了这样一些政策，其中包括：减免总额高达 400 亿欧元的商业税收，以此换取商业领域 3 年内新增 50 万个就业岗位的许诺；提高增值税税率，从 19.6% 调升至 20%；首次在二战后引入针对不同社会福利所进行的经济情况调查；等等。但这些政策只会增加收入和财富分配方面的不均。

由于政策发生了 180 度大逆转，2014 年底，当法国经济发展深陷停滞状态时，失业人数创下历史新高，达到 350 万，失业率攀升至 9.9%。但是奥朗德政府的重新洗牌也只能勉强支撑现任政府基本运行。2014 年 9 月举行的信任投票中，该政府只获得了微弱的优势（269∶244）。这是因为奥朗德所在的社会党国会议员中有 41 人背叛了本党的主张，他们坚持将供给学派的经济政策推向 2015 年。

2015 年初，法国经济年度增长率尚且不足 1%。奥朗德的支持

---

① Reuters, France News, August 26, 2014.

率下降至 12%，而且越来越多的大众媒体调查结果显示，奥朗德作为社会党总统候选人参加 2016 年大选的概率是很低的，即便再度参选，他的身影也不会出现在第二轮选举中，因为普遍受欢迎的且奉行排外政策的右翼政党法国国民阵线领袖玛琳娜·勒庞会在第一轮就把奥朗德击败。

英国的状况也显示了立足于供给学派经济学基础之上的紧缩政策所带来的影响。2010 年初，英国保守党和自由民主党组成的联合政府启动了削减财政赤字的五年紧缩计划，使财政赤字从超过 GDP 的 10%，减少至 2015 年的 1%。为实现这一目标，政府计划提高增值税额度，从之前的 17.5% 提高至 2015 年的 20%，与此同时，政府打着各种幌子大力削减社会福利、国民保健、教育以及其他支出，这些举措引发了频繁的抗议游行，乃至社会动荡。然而，主要的企业所得税税率却在稳步减少，向着更有利于企业赢利的方面转变：从 2010 年的 28% 降至 2012 年的 24%，再降至 2013 年的 23%，2014 年则为 21%。

这些政策带来了一个不可避免的后果，那就是许多方面都呈现收入分配差距越来越大的问题。到 2014 年，从业者平均月收入已经出现连续 6 年的下滑。制造业和金融行业的高工资岗位数量不断减少，与此相应，服务业中的低收入岗位逐渐增加，致使平均每小时收入低于中等收入水平 2/3 的工人人数再创历史新高，达 520 万。2014 年政府设定的最低工资标准提高了 19 便士，为 6.5 英镑，然而据 Living Wage Foundation 核算，此时英国的平均最低生活支出则是 7.65 英镑（伦敦为 8.8 英镑）。普通的英国工人同大型企业首席执行官之间的薪酬差距急剧扩大，1998 年后者所获薪酬是前者的 47 倍，2014 年则扩大到 133 倍。[①]

---

① 数据引自英国独立研究机构：The High Pay Center，2014 年 8 月 19 日。

尽管保守的联合政府在 2011 年采取的政策还有着其他一系列影响，但下列引自英国主要中右翼报纸《卫报》（2014 年 12 月 28 日）的一段话足以表明这些影响。括号中所提供的解释是为了给那些对英国政治并不十分熟悉的读者提供些许理解上的便利。

当英国财政大臣乔治·奥斯本的前副手大卫·劳斯（自由民主党成员）宣布了一项犹如政治自杀的 2020 年财政公共支出计划时，自由民主党（目前同保守党联合执政）已经迈出了远离保守派经济政策的大胆一步。他说，保守派的政策影响太深远了，以至于撒切尔主义看起来就像托尼·布莱尔（工党领袖，20 世纪 70 年代任内阁大臣，因其强烈的左翼观点而出名）所设计的那样。

保守党试图草拟的右翼经济分界线需要将一些政府部门（位于白厅路或者白厅路附近的主要部门）的规模缩小 1/4，为此，劳斯认为，在这方面保守党犯了一个政治上的灾难性错误。劳斯说，保守派选民中那些看重军队、警察和监狱价值的人将对削减支出是否会造成"难以置信"的后果表示担忧。

但是，即便保守党通过采取规模化削减福利政策勉强实现了他们的目标，他们也会发现与这些政策相伴随的是"国家贫困水平的大幅提升"。

同保守党一样，自由民主党签署了将在 2017～2018 年清除日常支出中财政赤字的决议。但他们同时又指出，像保守党那样单纯通过削减开支是远远不够的，为实现这一目标还必须增加一些税收。尼克·克莱格①所代表的自由民主党反对奥斯本在前两年议会上所提出的削减 20 亿英镑的福利支出的主张。

---

① 尼克·克莱格是英国自由民主党的领袖。

尽管这些政策"大幅度"提升了国家的贫困水平，但也只是使英国在 2014 年的几个季度里实现了 3% 的经济增长，而且在未来的几年中英国也不大可能继续维持这样的增长速度。由于 2015 年的选举很可能再度呈现出这一结果，即无论保守党还是工党都无力赢得独立组阁的权利，而受到普遍欢迎且极力奉行排外政策的英国独立党将会获得空前多的选票。因此，如果不进行一场系统性变革，英国将不得不继续承受低增长率的经济现状。

意大利政府债券利率已从 2010 年 11 月的 4% 稳步提高到 2012 年 8 月的 7.1%，而且意大利俨然已经陷入财政危机之中。这是西尔维奥·贝卢斯科尼政府在过去数年中肆意挥霍所导致的必然结果。贝卢斯科尼曾分别在 1994～1995 年、2001～2005 年以及 2008～2011 年担任意大利总理，在此期间他追求供给学派的经济政策，并建立了中间偏左政府。为了获得选民的支持，他主要采取了持续的赤字政策，而这必然带来的结果就是国家债务的增加。

2011 年 11 月至 2013 年 4 月，担任过渡政府总理的马里奥·蒙蒂为了使国际金融市场重拾信心，果断采取了一项财政紧缩政策。马里奥·蒙蒂政府成功实现了债券利率稳定化，并通过了一些试图使经济摆脱萧条态势的法律条文（例如，使部分最严格的雇佣制度有所松动的法律条文）。但意大利经济停滞的状况并未因财政紧缩政策的推行而有所好转，2012 年和 2013 年意大利的经济增长率只有 0.5%。

2013 年选举后，恩里克·莱塔领导的中左翼广泛联合政府接替了蒙蒂政府。莱塔的任期从 2013 年开始，但仅仅持续了几个月，到 2014 年 2 月，他的左翼竞争对手，同时也是联合政府组成部分的民主党的领袖马泰奥·伦齐开始反对莱塔的政策，表示民主党不再支持联合政府，并指责莱塔政府时期持续衍生的财政危机和经济衰退态势。

伦齐是意大利历史上最年轻的总理，他的出现被人们普遍认为是意大利经济政治制度和实践发生代际变化及其他众多根本性变化的标志。尽管他承诺要修改选举法、促使劳动力市场更趋弹性化、精简政府机构、改善民事审判制度等，但真正成功通过的法律却屈指可数。直到 2015 年初，他也未能开始施行那些最能体现他改革目的的法律条文。与此同时，意大利经济在 2015 年也还陷于欧洲经济停滞的泥潭之中，增长率不足 1%。

伦齐说："我们不能只是在紧缩和严格的基础上进行推理。当处在通货紧缩阶段的时候，我们更不能如此。我们必须保障我们的账目状态良好，合理使用资金，德国已经注意到，欧洲南部国家使用资金的方式是不明智的——这也的确是事实——但核心问题在于如果要解决我们面临的问题，那么欧洲经济就必须进行一场有利于投资增长的变革。"① 这表明他意识到了财政紧缩政策的局限性。

但意大利的很多行业在国际市场上并不具备竞争力，因而对意大利来讲，伦齐无力平衡经济增长对投资的需求，也无力扭转岌岌可危的财政状况，以避免遭受进一步的冲击。正如《经济学人》（2013 年 8 月 10～16 日）恰如其分的描述，如果不进行一场系统性的变革，那么意大利的未来将是黯淡无望的：

> 自金融危机以来，两次衰退使意大利的工业企业蹒跚难行……去年，意大利最大的汽车制造商菲亚特在国内生产线生产出来的汽车数量仅有 39.7 万辆，与 2007 年的 91.1 万辆形成鲜明对比。
>
> 危机足以凸显出意大利的系统性脆弱……为了能够在需求疲软以及竞争日益激烈的环境中生存下来，唯一的方式就是将

① Roger Cohen, "Trying to Revive Italy," *The New York Times*, December 14, 2014.

生产转向劳动力低廉的国家和地区，意大利的企业正在做着这样的事。汽车及厨房用具生产商的产量下滑，摧毁了那些为他们制造零部件的工厂。许多工厂都已经破产。

在可以预见的未来，意大利制造商将尝试着将他们现有的产品卖给这样一些消费者，即并不急于购买新车以代替正在使用的破旧车辆的人，以及并不急于更换已经嘎吱嘎吱作响、只能勉强维持使用的厨房用具的人。在一个政治和经济状况都不确定的氛围中，谁又能责怪这些制造商的选择呢？

而且意大利还出现了成立于 2009 年的民粹主义政党"五星运动"这支新兴力量，与此同时，意大利政治持续遭受着各种形式的腐败的侵蚀，这些势必都会使原本已经不稳定且缺乏效率的意大利政治雪上加霜。

西班牙是一个非常不成功的案例，它通过破坏国际资本市场，为愚蠢的短视政客和投资者带来经济利益。由于采取实际利率较低的贷款，2000～2008 年房地产"泡沫"出现，2008 年底"泡沫"突然破裂。2009 年，西班牙政府为了紧急援助银行系统不得不从欧盟以及国际货币基金组织那里寻求 1000 亿欧元的资金。但由于西班牙的众多行业都缺少国际竞争力，且年度贸易逆差仍持续存在，2008 年金融危机之后的影响不仅没有消失，反而更趋深重和持久。

西班牙经济"一瘸一拐"地从一次衰退走向另一次衰退，持续陷于停滞状态，失业率从 2009 年的 24.4% 急剧提高到 2013 年的 27.4%。不满 25 岁的年轻人，其失业率上升的速度是雇员整体失业率上升速度的 2 倍，2013 年这些年轻人的失业率更是高达 53%。结果便是，越来越多的年轻人游离于政治之外，这从直线下降的选举参与度就可以清晰看出。平均每年都有数千名年轻人，其中包括那些曾领导加泰罗尼亚分离主义运动的年轻人，愿意移民到任何一个能够为他们提供工作的地方。

2011 年保守派西班牙人民党主席马里亚诺·拉霍伊击败了自 2004 年起担任西班牙首相的工人社会党总书记何塞·路易斯·罗德里格斯·萨帕特罗，成为西班牙王国的新首相。出现这一现象的原因在于，虽然前任首相萨帕特罗采取了一系列改革举措，如彻底改革劳动力市场，将退休年龄从 65 岁延长到 67 岁，但这些举措并没有使西班牙经济在 21 世纪恢复增长。

拉霍伊推行严厉的财政紧缩政策并在 2012 年初颁布了一项新的劳工法案，这引发了 2012 年两次全国性的大罢工。党内高级官员的金融丑闻事件进一步侵蚀了拉霍伊政府的声望。因而 2015 年 12 月举行的新一轮选举，其结果取决于该年度的经济表现情况。2014 年间，西班牙的经济状况比法国和意大利略好一些，但财政赤字仍占 GDP 的 4.2%，而且国家债务已经超过 GDP 的 100%。拉霍伊所在的保守党原本应该可以赢得选举的，但就现实情况来看，特别是 2014 年新成立了 Podemos 公民政党（"我们能"政党）后，2015 年最终的选举结果最初存在很多的不确定性。Podemos 是一个左翼民粹主义政党，它所追求的目标是重振经济并缩小经济差距、减少失业人口和西班牙的政治腐败。

下列较长的摘录引自 2012 年 4 月 16 日英国《卫报》刊载的一篇关于西班牙社会动荡的文章。虽是一篇旧文，但仍然可以用来说明西班牙 2015 年的真实情况，毕竟西班牙面临的核心问题自 2012 年以来并没有发生根本性变化。

　　西班牙成千上万的民众抗议马里亚诺·拉霍伊任首相的保守派政府所推行的削减开支政策。人们切身感受到了公共开支在教育和医疗领域的大幅削减。削减公共开支的目的是解决债务危机问题，因为这一问题将国家重新带回了经济衰退的境况中，此外，削减公共开支的目的还在于使失业率接近 25% 的水平。

星期五，拉霍伊宣布从明年开始将正式实施一套新的增税制度，他在一次集会上发表讲话说，"我们别无选择，"并补充道："西班牙需要进行一场深刻的结构变革。"

西班牙东北部城市巴塞罗那、北部城市毕尔巴鄂、西部城市巴伦西亚以及其他很多城市的抗议者拉着横幅，敦促拉霍伊政府不要在"教育和医疗领域胡搅一气"。工会组织呼吁民众在未来几个月的时间里继续进行大规模的抗议游行以劝服拉霍伊及各地方政府采取刺激经济增长的有效措施。

联合国国际劳工组织注意到青年人被排除在劳动力市场之外的情况，而且短期临时雇员数量迅速增加，这些冲击对青年和女性雇员的影响远大于对其他群体的影响。四年的全球危机使劳动力市场的不平衡愈发结构化，也变得越来越难以根除。一些群体，如长期失业群体，他们正面临着被排除在劳动力市场之外的危险。也就是说，即使经济有了强劲的复苏，他们也不可能重新找到工作。

在本章结束前，我还要援引一段较长的话——源自英国 BBC 2015 年 1 月 21 日的一篇报道。这一摘录有助于我们感受到西班牙的政治气氛以及西欧多数民众的一些情况。

数以万计的人汇聚在西班牙首都马德里市中心，前来参加由激进的西班牙左翼政党 Podemos 组织的集会。"为争取改革而游行示威"，这是 Podemos 第一次组织如此大规模的集会活动，与它的亲密战友希腊激进左翼联盟党 Syriza 在近期所取得的胜利具有异曲同工之妙。在近期的民意调查中，Podemos 一跃成为领导角色，而且发表主张说，如果他们能够在大选中获胜，将争取消除西班牙的部分债务。Podemos 认为，政治应该"服务于民众，而非服务于私人利益"。

Podemos 领袖 Pablo Iglesias 清晰地向民众阐明了党的主张。"我们要变革。我知道治理起来会很困难，但对于那些拥有强烈变革梦想的人来说，变革一定能实现。"在过去六年的时间里，人们已经在这条街道上看到了无数次抗议示威游行，这些集会活动是民众针对历届政府因金融危机的爆发而强制进行大量裁员而举行的。而今天，抗议的民众再次出现在那条熟悉的街道上。

今天，在这四个经济体中，数百万民众仍继续承受着经济疲软所带来的严重后果，而以供给学派经济学为基础的具有误导性的财政紧缩政策使这种疲软状态变得旷日持久。因而，与美国、日本、德国一样，这些国家也必须尽快展开一场系统性变革，唯有如此才能结束绝大多数民众所遭受的痛苦。

第九章
货币政策的失灵及其代价

20世纪80年代以来，由于绝大多数民众的消费达到了一种饱和状态，再加上第一章中所描述的其他原因，发达资本主义国家民众对商品和服务的需求增长速度有限，并没有达到确保经济增长所必须维系的特定比例，因而也就无力避免众多严重性后果的发生。这也就意味着必须施行一项可以促进需求增长的经济政策。

然而，供给学派支持者背后的政治力量及美国和那些富裕的欧洲国家庞大的国家债务的存在，致使这些国家并没有采取下列举措：或者通过债务融资政策积累充足资金，从而扩大政府支出，进而重振经济，或者通过投资来满足社会需求，从而提高税收收入，进而促进需求增长。

日本的情况略有不同，历届日本政府所采取的政策都是建立在供给学派基础之上的。尽管当时庞大的国家债务已达到GDP的135%，但在1991年经济"泡沫"破裂后，历届政府还是采取了财政赤字政策以刺激经济增长。但持续削减税收又使另外一个难以避免的结果出现了，那就是进一步增加了国家债务额度，使其在2014年超过了GDP的240%。但无论如何，财政赤字政策并不足以重振日本经济。

为此，所有发达资本主义国家的经济都陷入停滞，这也再度加重了那些强加在民众身上的不必要的痛苦，致使许多人，特别是保守派政治家、企业及投资者愿意张开双臂迎接任何一种能够振兴经济的举措。

这就是中央银行会采取超低利率政策、"前瞻指引"（承诺在利率恢复的条件就绪之前不会提高利率）及量化宽松政策（通过购买政府债券和私人债务工具以增加货币供给）的原因。

采取这些政策的必然结果之一，是到2014年底，注入美国、日本以及欧洲市场的货币总数超过了6万亿美元，且这一数额在2015年还在持续增加。

美联储于2014年10月结束了量化宽松措施，但仍保持着超低利率政策。英国银行和欧洲中央银行也都在继续推行着各自的超低利率政策。前者于2008年开始采取量化宽松政策，后者于2015年3月采取了相同举措，以平均每月700亿美元的额度购买欧元经济体的政府债券。欧洲中央银行的量化宽松政策将会持续到2016年9月，如果有需要，可能会继续延长。预计欧洲中央银行所购买的政府债券及其他金融票据总额至少会超过1.3万亿美元。日本央行持续推行的量化宽松政策已经使每年注入市场的货币总额超过了现金总额的2倍，在对GDP规模进行调整后，美联储自2008年起，也开始向本国经济领域注资。

总而言之，自20世纪80年代以来，由于发达资本主义国家经济表现持续低迷，中央银行遂以越来越快的速度向市场注入资金。从2008年经济大萧条开始，这一注资速度更是引发了名副其实的"货币海啸"。

概括地说，关于"货币海啸"，存在着"箱内"两种观点的争论。所谓"箱内"争论即假定必须继续维系今天的资本主义体系，不主张对资本主义进行系统性变革。这一争论在本质上是意识形态的争论，而非基于由客观理论和实证基础所支撑的宏观经济理论，后者恰恰是评判货币及财政政策成功与否的本质内容。而且即使在持有相似意识形态的人那里，他们也会对政策的影响做出不同解释。在辩论中所呈现的许多观点，很难将其归纳为保守的观点或者自由的观点。许多关于财政政策和货币政策的"箱内"争论经常是兼具这两种观点倾向。

简单地说，一种观点认为，引发"货币海啸"的政策是为了重振经济，以使全体民众都能够从中受益。这主要是出于对下述情形的考虑。由于资产价格，特别是股票价格持续上升，那些资产持有者希望可以进一步加大投资。此外，银行及其他金融机构，分别作为政府债券的主要销售商以及中央银行的私人债务工具，通过给企业提供更多的借款，促使企业加大投资力度。投资的增加将会带动就业、工资以及需求的增加，从而促进经济振兴。另一种观点则认为，"货币海啸"并没有带来该项政策支持者所宣扬的那些积极影响。发达经济体的大型企业本身就拥有 5 万亿美元的企业内部储备金（这些现金和金融工具可以很容易地出售出去），因而他们的投资远非源自低利率的银行贷款。投资之所以没有增加，主要是因为政策支持者设想的"货币海啸"所引起的"涓滴效应"的积极影响尚未兑现，因而人们开展合理投资的需求也就没有增加。

为了更好地理解上述相对立的两种观点，下面我们引用三段支持"货币海啸"政策的文字。第一段是本·伯南克于 2010 年在他还担任美联储主席时所表达的观点；第二段是日本央行行长黑田东彦于 2013 年发表的为银行所采取的"空前货币政策"进行辩护的言论；第三段是《金融时报》关于英国央行量化宽松政策的相关报道。他们将这一政策视为重振经济的有效举措。

这一举措（美联储所采取的不断向市场注入大量资金的政策）曾在过去缓解了财政状况，如今仍然看似有效。当投资者开始对这一额外的经济行为（量化宽松政策）充满期望时，股票价格上涨与长期利率下降这种情形却出现了。财政状况的缓解将有助于促进经济增长。例如，抵押贷款利率的下降会使更多的人能够负担得起房屋的价格，也促使房屋所有者进行再融资。而降低企业债券利率将鼓励投资。股票价格上涨将有效促进消费者财富的增加以及信心的增强，从而进一步促进消费。消费增加会带来高收入和高利润，并会再度促进经济扩张，形成良性循环。

日本央行已经决定采取前所未有的定量和定性的货币政策。其目的是通过购买政府债券以及私人金融债券使基础货币——经济体中的货币总量——在两年内翻番。银行将购买政府每个月所销售债券的70%。新政策将提高人们对市场未来的预期，企业通货紧缩状况也有望在两年内结束，较低的长期利率还有助于持续促进投资，从而带动经济增长。[①]

尽管英国央行相关人士承认推行量化宽松政策后，只有5%的英国家庭受益最多，他们还是对这一政策进行了辩护。2009年3月以来，英国央行试图通过购买3750亿英镑的政府债券，即以"金边债券"而闻名的信誉度很高的政府公债，来救助经济以使其免于衰退。其目的在于削减投资者的收益，促使他们把资金转到股票等其他领域。尽管养老基金会遭到冲击，但央行认为绝大多数人是可以从量化宽松政策中获益的。

《金融时报》接着援引央行的两段话：

---

① 《日本经济新闻》、《华尔街日报》日文版 2013 年 2 月 11 日。

央行认为，尽管在资产持有方面存在严重失衡状况，5%的家庭持有所涉资产的40%。但通过抬高一系列资产的价格，资产购买还是提高了除养老基金以外的其他家庭金融财富的价值。

量化宽松政策导致金边"债券价格"上涨，收益率下降，进而导致对包括公司债券和股票在内的多种其他资产的购买需求增加，价格随之上升。这一方面降低了企业和家庭的借贷成本，另一方面增加了家庭所拥有的净资产总额，二者共同刺激了消费需求的增长。①

像其他很多支持"货币海啸"的人一样，伯南克、黑田东彦以及英国央行坚信他们的政策会取得成功的重要原因是"财富效应"在起作用。而在供给学派经济学中至关重要的就是"涓滴效应"。该学派认为，股票及其他资产价格的上涨将有助于促进富人增加投资，从而带动就业和工资水平的提高，进而带来需求和投资的进一步增长，以实现经济的复苏。

现在让我们转向人们对"货币海啸"政策以及近期货币政策其他各个方面进行批评的一些言论。

备受国际社会尊敬的经济学家威廉·R.怀特曾担任加拿大央行副行长以及位于苏黎世的国际清算银行（BIS）经济部门负责人等，他对超宽松货币政策做出如下批判：

超宽松货币政策刺激全球经济实现"强劲、可持续和平衡增长"的能力是有限的。此外，超宽松货币政策有各种不良的中期影响，会带来一些意想不到的后果。其在实体经济领域创建了病态投资方式，威胁到了金融机构的健康和金融市场功能

---

① 《金融时报》2012年8月23日。

的发挥，限制了央行"独立"追求稳定价格的能力，怂恿各国政府并抑制其及时解决国债问题，推行不利于收入和财富实现合理再分配的措施。①

《经济学人》作为一个有影响力的中间偏右的周刊，长期支持中央银行"非常规"的货币政策，该刊在 2013 年 9 月 20 ~ 27 日发表的文章称：

> 可以肯定的是，所有研究已经表明，发达国家大型经济体仍在苦苦挣扎。英国的产量依旧保持着危机前的峰值。早在 2007 年就有人预测，美国今天能够找到工作的人数可能会比那时减少约 1000 万。欧元区刚刚跳出"双底型衰退"的第二次低谷，失业率还维持在两位数。简言之，非传统的货币政策看起来并不像传统的货币政策那样奏效。

安德鲁·胡萨尔曾在美国最大的金融机构之一摩根士丹利（Morgan Stanley）任董事总经理，还曾于 2009 ~ 2010 年担任联邦储备银行关于购买抵押贷款证券计划的负责人，这一计划也是量化宽松政策的一个组成部分。他在 2013 年 11 月 11 日的《华尔街日报》上发表了如下这篇文章：

> 我只能说，美国，对不起。作为一名美联储前任官员，我负责执行美联储第一轮债券购买尝试的核心程序，也就是负责

① William R. White, "Ultra East Monetary Policy and the Law of Unintended Consequences," Federal Reserve Bank of Dallas, Globalization and Monetary Policy Institute, Working Paper N. 126, August 2012.

量化宽松政策的执行。中央银行持续使用量化宽松政策，将其视为帮助金融中心渡过难关的工具。但我已经意识到这一计划的真实目的在于：对华尔街进行空前的救助，这也堪称隐藏最深的秘密。

同样从这一战壕中走来，美联储的其他一些具体施行量化宽松政策的经理们也开始担忧，担忧量化宽松政策并不能按计划实现最初的设想。我们的警告被当成了耳旁风。过去，美联储的领导人——即使他们最终是错的——都会极度地担心他们的任何重大举措所能带来的成本与效益之间的变化。但现在，似乎唯一需要担心的就是对金融市场预期的最新调查结果，或者是对华尔街主要银行家和对冲基金经理的最新情况的反馈。对不起，美国的纳税人。

这里我们插入一个支持胡萨尔于上文中所阐述观点的另一例证。2009 年，排名前十的美国银行利润总额约为 650 亿美元，这一额度甚至超过了 2007 年美国银行最大利润的峰值。毫无疑问，之所以规模最大的几家银行能够赚取如此庞大的利润，主要原因在于美联储于 2008 年 11 月开始采取量化宽松货币政策。自量化宽松政策施行以来，到 2009 年 3 月，其所购买的抵押贷款证券和国库债券价值总计达 1.75 万亿美元，这促使这些银行以近乎零利率的标准去使用这些现金，以期提高利润。

国家清算银行在 2013 年年度报告中就超低利率政策指出：

尽管全球金融危机爆发至今已有 6 年的时间了，但目前来看全球经济状况距离强健的、自立的增长仍然十分遥远。在这期间，发达资本主义国家的中央银行被迫去寻找能够促进其自身与客观环境相适应的各种方式。但中央银行并不能解决那些制约经济重新实现强劲、可持续增长的结构性问题。使经济真正实现复苏的唯一方式只有修复、变革经济体系与实践。

怀特针对量化宽松政策问题的观点上文已进行了引用，此外，他还撰写了一篇名为《日本的刺激计划并非勇敢，而是鲁莽》的文章，发表于2014年11月20日的《金融时报》上。我们有必要对这篇文章进行大段引用。

怀特对日本央行量化宽松政策的批评主要有三点：

> 日本的QE政策，尤其是它在10月份所宣布的更为激进的版本，都是没有必要的。因为出现需求疲软现象的主要原因以及经济表现乏力的原因在于人口方面存在问题。例如，该现象是人口数量迅速下降、老龄化速度加快所致，而非可以预见的持续通货紧缩而引发购买力下降。很明显，储蓄率也是在稳步下降的，目前已降至零。

> 日本的小企业出口很少，而且担负着进口商品和服务的高昂成本，这导致日元走弱。大型企业则有着长期有利的融资优势和大量现金余额。但它们并没有将这些资金更多地用于国内投资。在缺少安倍首相所承诺的重大结构性改革的时候，它们又为什么要进行大规模的国内投资呢？事实上，日元走弱增加了企业的利润，只是在出口方面反应迟缓。

> 日本政府公债长期以来维持着一种很低的利率水平，其原因在于储蓄率较高，日元走强，巨额的国际收支经常项目顺差的存在，以及政府强烈地偏向投资以日元计价的资产。然而，所有这些内容已经发生了变化，或者说正在迅速发生变化。这就意味着持续的、激进的量化宽松政策，会引发一系列导致高通货膨胀率的事件出现。其间，政府将无力停止销售更多的债

券。目前所销售债券占 GDP 的比重已高达 8%。

怀特继续针对日本的量化宽松政策告诫说：

　　财政赤字将超过 GDP 的 10%。目前日本政府的财政赤字已经是一般政府财政赤字的 2 倍，而日本央行宣布还将进一步加快购买政府债券的速度。由于担心越来越多的货币以及价格陡然上升会带来更多的债券利率升值压力和日元贬值压力，在实现自我的螺旋上升运动中，通货膨胀率很快就会被推向一个非常高的水平。在过去的 100 年间，这样的情形是常常可以看到的，尤其在拉丁美洲，其表现得尤为突出。

怀特认为这种螺旋式上升之态难以维系，原因在于：

　　提高中央银行利率以支持日元的举措将增加债务还本付息额度，导致公债比例进一步上升。如果不能成功提高利率，那么日元将进一步走向疲软，加剧"货币战争"的紧张程度。采取出售外汇储备以支持日元的方式或许是有效的，但会对美国国债及其他市场形成严重影响。人们的信心也深受打击，这清晰地表明日本政府已然失去了对事件的控制力。

随后，怀特总结说：

　　因此，东京不可避免地需要加快步伐降低赤字以停止恶性循环。如果不这样做的话，对于我们所有人来讲，风险都太大了。

但我在第六章已经明确表示，日本政府致力于奉行供给学派经济学的主张，而不愿意提高税收，为此，他们根本不可能削减财政赤字，毋庸置疑，未来几年中政府将继续提高债务所占 GDP 的比重。

与其他众多对量化宽松政策提出挑战的人一样，怀特也没能区分满足型消费需求（即购买第一章中所定义的广义的奢侈品）与真正能够在未来提高全体民众生活水平的消费需求之间的差异。还需要注意的是这一失败的论证在关于量化宽松政策的争论中仍然忽视了至关重要的环境问题。怀特所提及的结构性变革主要是指减少或者排除市场监管，以及消除许多根深蒂固的、反竞争的商业行为和机构，而非对日本现有资本主义制度进行一场系统性变革。

下述内容更加明确地呈现了针对量化宽松政策所提出的种种批评，部分内容在上述引文中已经提及，还有小部分重要的批评言论上文未曾涉及。

（1）所有那些支持"货币海啸"政策的人总是强调在采取超低利率和货币宽松政策后失业率如何得以降低，一些工人的工资又如何得到提升。然而，从第五章至第八章所呈现的相关数据和分析不难看出，这种观点忽视了这些章节中已经讨论过的一些细节。在美国、日本和德国，绝大多数工人的实际工资并没有增加，失业率也表现出巨大的迷惑性，因为临时性工作、低薪雇员以及非充分就业人员不断增加，而劳动参与率却出现了下降。简言之，从收入分配差距持续扩大的现状，抑或透过相关具体数据，都可以看出，"货币海啸"对工人所产生的"涓滴效应"是不可持续的。

（2）随着美联储从 2008 年至 2014 年持续推行量化宽松政策，再加上日本自 2013 年以来采取了更加激进的量化宽松政策，直至 2015 年，美元一直面临持续贬值的状况，日元也从 2013 年开始贬值。尽管美联储、日本央行以及量化宽松政策的支持者并未讨论这一事实，但使自己的货币贬值则是在公然奉行一种以邻为壑的政策。因为货币贬值是通过牺牲国际市场中的国家竞争力来增加出口。这也就是很多国家，特别是依赖出口的国家，如德国和韩国，极力反对、抨击量化宽松政策的原因。

以上提及的内容，有助于唤醒人们对下述不言自明的常识的认知，它们一方面有充分的数据做支撑，另一方面也是人们在饱尝了竞争性货币贬值带来的痛苦后所得出的结论。当时很多国家都参与到竞争性货币贬值的队伍中来，这在20世纪30年代经济大萧条时期显得更为突出。

如果一个国家是以增加出口为目的而进行货币贬值，它所售卖的产品会比货币贬值前更便宜，但与此同时也增加了进口成本。因此，即使出口企业的股东、雇主和雇员的收入在货币贬值后的较短时期内有所增加，而绝大多数民众的生活水平不但不会提高，反而会有所下降。在出口产品的价格过低而进口商品和服务的价格过高的情况下，加班将成为必修课。货币贬值是一种以邻为壑的政策，从长期来看，这种政策会使一个国家的状况变得更为糟糕。以低廉的价格售卖商品和服务从长远来讲可以改善人们生活的观点，完全是一种谬见。

（3）一个国家的中央银行如果印发的钱越来越多，那早晚会导致资产价格"泡沫"的出现。"泡沫"的破裂通常都会带来我们所熟悉的一系列严重后果。尽管在今天看来超低利率政策和量化宽松政策所带来的风险仍然较小，但是不断增加的货币供应将导致通货膨胀，从而在事实上增加税收额度。由于通货膨胀削减了政府债务的实际成本，政府很可能更不会去关注政府债务负担以及减少政府债务的必要性。如果国家债务持续增加，投资者将对政府债券失去信心，进而引发政府债券价格骤然下跌（债券利率迅速上涨），最终使经济陷入一种可以预测到的财政危机和政治动荡。如果今天不在资本主义社会进行一场如消费者所要求的系统性变革，那么经济将持续陷于增长缓慢的困境，传统的及非传统的货币政策还会不断增加货币供应。倘若对债券价格骤然下跌所带来的风险不假思索，那将是异常鲁莽且欠思考的。

（4）从另一个角度来讲，量化宽松政策还是一种自私自利的政策。自 2008 年以来，美联储将 4 万亿美元的一部分注入市场中，并通过美国金融机构和企业持续向海外进行投资，特别是对新兴市场进行投资。这是因为由于国内需求不振，美国企业所拥有的资金远远超过国内投资所需的资金。当新兴市场接受美国的投资时，它们可以从中受益。但是，当美联储于 2014 年 9 月开始"收紧"量化宽松政策，突然且迅速地从这些国家撤资时，这些新兴市场被迫付出更高的代价。例如，相关数据证明，从 2014 年 9 月开始，美国投资逐渐减少并逐渐撤资回归本土，在这一过程中，巴西、印度尼西亚、印度以及其他一些国家的本国货币币值突然下跌，随后它们发现自身难以支付骤然变得昂贵的进口商品和服务，于是不得不以放缓投资、提高失业率为代价来提高自身利率。

自 2014 年以来，日本央行激进的量化宽松政策一直在稳步扩大日本用于贷款和投资的资金流。这意味着，迟早有一天，当日本央行开始"收紧"它的量化宽松政策时，其不仅会使很多亚洲国家陷入困境，而且还会使那些从日本获得稳定且快速的贷款、吸引日本进行投资的其他经济体面临相似的冲击。

（5）一个采取了量化宽松政策的国家，其经济从长期来看不一定比没有采取该政策的国家表现得更好。我们可以假设，当一个国家 X 采取了量化宽松政策，它的长期利率会下降，从而扩大投资，和没有采取量化宽松政策的国家 Y 相比，短期内 X 国的经济超越了 Y 国。但是，当 X 国经济继续保持增长时，金融界特别是持有大量的 X 国政府债券的金融机构推测，X 国的央行将很快开始粉饰其资产负债表，即：结束量化宽松政策，并开始出售债券和其他金融资产。

这种预期的结果只会减少消费者对利率敏感性产品，如汽车和住房等的需求，而正是这些产品对维持经济运转起到重要作用。看到或预感到利率敏感性商品需求下跌的迹象后，X 国的中央银行很可能暂缓采取对其资产负债表进行粉饰的举措，例如，放慢结束量化宽松政策的步伐。发生这种情况时，资产价格没有下跌而且人们对利率敏感性产品的需求也没有下降，因此，经济表现再次改善。这意味着 X 国的央行将基于市场的反应速度交替采取量化宽松政策，而不会结束量化宽松政策。换句话说，X 国将会沉迷于实行量化宽松政策及其带来的后果。与此相反，Y 国的经济表现可能滞后于 X 国。但 Y 国经济一旦开始改善，其中央银行将没必要粉饰资产负债表，而且 Y 国的长期利率也不会像 X 国在央行放缓量化宽松政策以粉饰其资产负债表后便开始上升。这意味着能继续保持其经济增长率的是 Y 国，从长期来看，Y 国的经济表现将优于 X 国。

以上表述不仅存在理论上的可能性，它也确实发生了，而且产生了严重的后果，这在下面的例子中可见一斑。2000 年 3 月美国股市暴跌时（所谓的"互联网泡沫的破灭"），联邦储备银行迅速将关键的联邦基金利率下调到 1%。① 随后从 2004 年 6 月开始，联邦储备银行花了两年时间，经过 17 次增量调整，每次调高 0.25% 才将该利率调整回 5.25%。

在这两年中，住房和信贷"泡沫"持续快速膨胀，加剧了家庭债务与消费增长的步伐，急剧降低了家庭储蓄，同时使经常账目赤

---

① 各金融机构将该利率作为交易其存储在联邦储备银行的现金余额的一个重要基准利率，这种现金余额交易发生在无担保基础上，交易的目的是使各金融机构能够具备必要的现金储备。

字达到创纪录的水平。也就是说，缓慢增加的联邦基金利率的确是2008年大衰退产生的一个非常重要的原因。尽管联邦储备银行事后并不承认经济衰退的发生是由对金融机构缺乏监管和全球经济状况不良所导致的。

在本章的结尾部分，我们想再度强调下列内容。超低利率政策和量化宽松政策有助于通过降低政府债券利率来增加国家债务，与此同时也降低了退休人员的收入，以及那些依靠利息填补家庭生活所需的人们的收入。例如，一份源自麦肯锡全球研究所2013年12月的报告预测说，基于美联储的超低利率政策和量化宽松政策，美国家庭在2007~2012年累计损失了3600亿美元。相比之下，如果利率能够保持经济衰退前的水平，那么他们是能够将这笔巨资收入囊中的。报告指出，美联储的政策的影响是"惊人的"且是"异常退化的"。

同样重要的论点是——正如日本央行所宣称的——所谓超低利率政策和量化宽松政策可以防止通货紧缩，或者能够在短期内，如一年或两年的时间里提高价格水平，这些内容及其所涉及的相关数据是十分荒谬的。由于实际工资要么停滞，要么下滑，绝大多数公民的消费不仅没有增加，甚至还出现了某种程度的下降，因而居民消费价格指数在2%左右徘徊——这是所有发达资本主义国家中央银行的目标利率。

鉴于"货币海啸"政策会产生如本章所提及的不良影响，因而应该禁止对该政策产生依赖。因为我们只有通过投资来满足未来社会的需要，才能在维系发达资本主义国家满足型消费的高水平经济状态基础上增加需求总量。然而，如果想这样去做，就必须对现有体系进行变革，正如随后章节所描述的两个案例中所呈现的那样。

第十章
系统性变革的两个案例

自 18 世纪中叶工业革命以来，民主资本主义制度成功进行了两次系统性变革。第一次发生在 19 世纪中叶的英国，第二次发生在 19 世纪 90 年代至 20 世纪 30 年代的美国。本章简要介绍了这两次系统性变革是如何通过克服来自政治及经济上强大的利益集团及个人反对而发生的。另外，本章还举例介绍了这两次系统性变革给法律、制度及实践方面带来的变化，正是这些变化使得这两次系统性变革得以持续和发展。

第一次系统性变革

19 世纪 30 年代和 40 年代，孕育了始于 18 世纪 60 年代的工业革命的英国社会制度正面临着威胁资本主义系统本身的严峻政治和经济问题。到了 19 世纪中叶，越来越多的人居住在城市贫民窟。由于霍乱和伤寒等通过水而传播的疾病发病率较高，这些居住地区死亡率很高。尽管英格兰和威尔士人已经设立《济贫法》（*Poor Law*）几个世纪了，但他们没有准备好应对广泛的、令人震惊的贫困。这使得保守的辉格党于 1834 年制定了《济贫法修正法案》，迫使穷人在济贫院工作，即使这意味着家庭成员可能由此而面临分离。该法案迫使穷人为换取微薄的饮食物资而从事被分配的工作，因而它并没有对贫困肆虐的危机起到多大的缓解作用。

19 世纪 30 年代以来，除了贫困人数增加，英国经济日益低效已成为一个现实问题。基于自 17 世纪以来普遍存在的重商主义制度的遗留问题，国内经济受到高度保护，免受外国竞争。国家开始征收越来越多的关税，以保障在政治上强大的贵族地主和工商业者的利益。19 世纪初，货物的关税保护列表已突破千项之多。其中臭名昭著的就是由 1815 年《谷物法》的出台所强制征收的各种关税，该法使谷物产品价格显著提高。富有的土地所有者从《谷物法》中受益，而高昂的食品成本却使城市工人和穷人无法忍受。

综上所述，显而易见的是，19 世纪中叶英国社会两极分化状况愈发严重，这也使得在当时本来已经非常受限的民主变得更加无效。1832 年的《第一次改革法案》废除了"腐败选区"——土地贵族所控制的选民人数稀少，却在下议院占有较多席位的选区——并扩大了新兴工业城镇的特许经营权，进而结束了 18 世纪政治体系中存在的诸多明显弊端。然而，政治权力仍然被士绅、贵族和富有的企业家牢牢把控。绝大多数人，包括所有妇女，仍没有获得选举权。

19 世纪上半叶的大部分时间，英国一直处于可怕的财政困境当中。财政大臣制定年度预算仅仅考虑短期的需求，即通过借款以摆脱困境，而对于如何实现长期的财政稳定并没有十分清晰的思路。由于缺乏一个统一的财政政策，英国的财政状况仍然岌岌可危。1840 年的所有公共收入中，58% 用于偿还债务，25% 用于国防，只有微薄的 17% 用于其他各方面的支出。这种财政状况同 1788 年的法国非常相似，当时法国已陷入破产，次年法国大革命爆发。

经历了近半个世纪缓慢而持续的努力，英国最终成功实现了体系变革。由于越来越多的政治家以及其他人开始相信改革的必要性，这促成了多方面的改革。很少有历史学家会对以下论断提出异议，那就是，在这场成功的系统性变革中，曾于1853～1882年四次担任财政大臣，并四度出任总理的威廉·尤尔特·格莱斯顿扮演了非常重要的角色，即使他并非起到决定性作用，也至少起到关键性作用。

格莱斯顿是进步自由党的长期领导者，他因支持对选举进行改革，支持废除《谷物法》进而降低人民的基本生活成本，而受到劳动人民的广泛好评。正是这些政策使他赢得了"人民的威廉"的雅号。如果没有自由党的努力，系统性变革是不可能取得成功的，因为保守的托利党对这场变革持坚决否定的态度，托利党企图阻止这场革命的爆发，并使英国维持一种帝国经济体，从而捍卫士绅、贵族及企业家的利益。正是自由党的齐心协力冲破了托利党对改革的强烈反对。

19世纪所进行的系统性变革包括了法律和实践方面显著而渐进的改革，进而改变了英国社会内部的经济和权力关系。

首要的变革，如上所述，即在1846年废除了《谷物法》。这极大地改善了社会最贫穷人群的生活条件，因为它直接降低了面包的价格。一些历史学家认为，或许正是因为废除了《谷物法》，英国才没有走上法国式的革命道路。1858年，济贫院寻访组织（Workhouse Visiting Society）成立，用以检查济贫院的生存条件。19世纪60年代中期英国颁布了一系列重要法律，促使各教区分担济贫的成本，以便更好地满足贫困人群的需求。因为有了政府颁布的法律以及政府在其他方面的努力，加之各教区为贫困者提供更好的帮助，济贫院的贫困人口数量得以降低。

同样重要的还有在19世纪发生的不可思议的事情。19世纪30～70年代，若干项法律得以修订或者颁布，如：1833年的法案，限制雇佣18岁以下童工，要求从各方面改善工作条件，严格限制妇女和儿童通宵工作，并提供检查人员严格执法；1844 年颁布的《纺织工厂法案》，加强了执法者的督察权，并要求获得认证的专业医务人员为工人提供必要的医疗服务；1872 年的法案，要求矿业及其他类型的工厂雇佣能够处理大量与安全、健康及其他问题相关的职业经理人。

1853 年 4 月下议院批准了格莱斯顿提出的第一个年度盈亏平衡预算。尽管该预算仅仅是一年的财政预算，它却设立了一项原则，即所有支出（包括战争融资），只能通过提高税收来支付，其中包括 1798 年设立的所得税。为了能够赢得包括自己内阁成员在内的大多数人的支持，使这项预算获得通过，格莱斯顿在五场不同的会议上展开了 15 个小时的辩论。虽然这在今天看起来是很平凡的，但它的确是一项历史性的成就，奠定了英国财政实力的基础，也使英国政府在不依赖大规模举债的情况下满足了克里米亚战争（1853～1856年）之所需。与之形成鲜明对比的是，法国和俄罗斯的战争几乎使这两个国家的财政瘫痪。一些历史学家认为，这项预算得以通过对于奠定格莱斯顿作为一名使英国体系得以维系的非凡政治家的地位是非常重要的。

除了启动盈亏平衡的年度预算案以及开展了其他几项财政改革以外，格莱斯顿还推行了选举改革。1867 年的《第二次改革法案》使具有投票权的人数增加了一倍，而 1872 年《英国选举法案》中的无记名投票消除了长久以来竞选阶段的腐败以及个人影响力对投票结果的干预。1884 年的第三次改革法案使选民的人数增加至 500 万，这显著削弱了拥有土地的士绅、贵族和工业家的政治权力。

按照 21 世纪的标准，19 世纪末，英国的资本主义民主在许多方面仍然是有显著缺陷的。但是，在格莱斯顿、自由党以及其他改革者的努力下，当时英国的政治经济体制已经和 19 世纪初的具有质的差别。如果未曾进行系统性变革，英国的制度便不会一直保持民主和资本主义的模式。

需要补充的一点是，本案例中涉及很多读者可能不大熟悉却非常重要且有价值的参考文献，有兴趣的读者可参阅之①。

第二次系统性变革

第二次系统性变革，是读者们都比较熟悉的一次变革，因而这里只做较为简单的阐述。第二次系统性变革之所以能够实现，离不开 19 世纪 90 年代到一战结束这段时间内的进步运动，以及 20 世纪 30 年代所进行的一系列改革。

19 世纪 90 年代的进步运动造就了美国的资本主义民主，而这一运动的进行正是同 19 世纪中叶以来所产生的众多严重的社会问题、无处不在的政治腐败以及快速工业化相关的。当时美国在收入和财富分配方面表现出严重的两极分化，"强盗贵族"及其"走狗"凭借其所拥有的强大的政治和经济权利危害民众的健康和社会福利，此外，资本主义的肆无忌惮和民主的失灵还体现在选举普遍被操控、工会受到镇压及其他很多方面。

进步运动刚开始的时候是地区性的，它由从本地专业团体如从教师和神职人员中走出的民间领袖所领导。随着越来越多的宗教团体、教育机构以及企业在全国范围内的领袖加入进步运动中来，这一运动逐渐变成了全国性的运动。随后，进步运动逐步赢得了包括

---

① Jeremy Black and Donald MacRaild, *Nineteenth-Century Britain*, Palgrave Macmillan, 2003; Norman McCord, *British History*, *1815 – 1906*, Oxford UP, 1991; Roy Jenkins, *Gladstone*, Macmillan, 1995; Eugenio F. Biagini, *Gladstone*, Macmillan, 2000; H. C. G. Matthew, *Gladstone*, *1809 – 1874*, Clarendon, Oxford, 1986; Richard Shannon, *Gladstone*, *1809 – 1865*, Hamish Hamilton, 1982; F. W. Hirst, *Gladstone as Financier and Economist*, Ernest Benn, 1931.

伍德罗·威尔逊总统和西奥多·罗斯福总统在内的最高政治层面的支持，以及两党内许多领袖级政治家的支持。这次运动最初是由公民的愤怒和绝望引发的，民众要求获得更多的民主，更多的社会公正，能够有效规范商业的廉洁政府，有所改善的工作条件，以及减少惊人的收入和财富分配不公现象。

许多作家和记者发表了鞭辟入里的调查性质的文章，并出版了相关图书，痛斥发生在高级金融领域、食品相关行业、铁路等领域的贪婪及反社会行为。他们为这场运动的推进提供了极大帮助。这些出版物中最著名的有：艾达·塔贝尔所著的《标准石油公司的历史》一书，它揭露了由贪婪驱动的石油企业的垄断行为；厄普顿·辛克莱所著的《丛林》一书，其揭露了芝加哥大型肉类包装企业恶劣的卫生条件；西奥多·德莱塞所著的《金融家和泰坦》，该书以让外行人都能理解的表达形式，展示了金融机构和大企业不道德的阴谋；术语"镀金时代"指的是从 19 世纪 70 年代到世纪之交这段时间，出自马克·吐温和查尔斯·华纳所撰写的书，该书讽刺了当时的美国为许多严重的社会、经济和政治问题"镀金"，使它们得以被掩盖。

进步运动带来如此根本性的变化，这在运动刚开始的时候甚至连最坚定的支持者们也都无法想象。这些根本性变化包括三项宪法修正案：第十六次宪法修正案允许联邦政府征收所得税；第十七次宪法修正案首次规定参议院议员由原来的政党推荐改为由民众直接选举；第十九次宪法修正案赋予妇女参与投票的权利。此外，下列法律得以颁布：1887 年颁布的《州际商务法》，标志着联邦政府开始管制铁路；1913 年颁布的美国《联邦储备法案》，成立了联邦储备银行；另外，还有三个反托拉斯法[①]得以颁布。

---

①　1890 年的《谢尔曼反托拉斯法》、1916 年的《克莱顿反托拉斯法》和《美国联邦贸易委员会法》。

三个宪法修正案，五大新的法律，以及许多其他法律，如《肉类检验法》《纯净食品和药品法》《劳动报酬法》，以及《童工法》等的颁布，使美国的资本主义民主制度迎来了翻天覆地的变化。所有法律层面的改革，都有助于使美国的制度变得更加包容、透明和更具有福利导向性。

尽管如此，美国社会还是存在很多严重的问题。第一次世界大战前，美国的所得税税率是非常低的（为净收益的 1% ~ 6%），而且仅向极少数最富有的人征收，这就导致了政府税收收入严重不足，难以满足社会所需的各项开支。此外，所得税税率在 20 世纪 20 年代也只是出现了缓慢的上升，而且几乎没有对这一时期收入和财富分配变化产生什么影响。透过 F. 司各特·菲茨杰拉德于 1925 年创作的小说《了不起的盖茨比》可以了解到当时的背景。该书的主题是富裕阶层抵制社会变革并试图维持其颓废的生活方式。20 世纪 20 年代巨大的收入和财富分配的差距一直持续到大萧条爆发之前。

腐败政治力量的顽固抵抗和对工会运动的镇压导致反托拉斯法和其他法律的执行远远没有达到预期的效果。银行和富有的投资者继续从事各种不道德且风险越来越高的运作及投资，股票价格在 20 世纪 20 年代持续上涨，使富人越来越富。较高的移民率以及对工会活动的镇压阻止了工资水平的上涨。这最终导致穷人和富人在收入和财富分配方面的差距持续扩大。

1929 年 10 月爆发的大萧条始于美国，当时股票价格骤然下跌。大萧条的影响是毁灭性的。工人工资、商品价格、企业利润以及政府税收猛跌。失业率从不到 4% 飙升至 25%，政府无法提供真正的"安全网"，致使数以百万计的工人陷入贫困。整个社会对商品和服务的需求不断下降，政府削减了开支，同时联邦储备银行也没有采取有效的刺激经济的措施。因此，1929 ~ 1932 年，工业总产值下降了约 30%。

在 1932 年的总统选举中，富兰克林·D. 罗斯福以压倒性优势战胜了胡佛总统。随后罗斯福发起新政（1933～1938 年），其中包括用以刺激需求和创造就业机会的众多方案。有些改革方案直接针对那些曾引起并加剧了大萧条的行为。1933 年的《格拉斯－斯蒂格尔法案》，就对金融机构开展银行业务及投资行为进行了限制。其他的改革则旨在增加工人的权利。1935 年通过的《瓦格纳法》保障了私营雇员在工会组织下进行集体谈判及罢工的基本权利。美国于 1935～1936 年建立的社会保险制度，旨在扩展之前的减少贫困社会福利计划。在此期间，政府着手采纳旨在刺激经济的成千上万的公共工程项目。罗斯福新政及其新颁布的法律，实际上增强了政府在美国制度中的作用。

从 19 世纪 90 年代到 20 世纪 30 年代特别是经济大萧条时期，美国花费了约半个世纪的时间，变革其资本主义体系。这场变革使美国经济再度繁荣并脱颖而出，成为二战后无可争议的全球性的政治和经济力量。

第十一章
第三次系统性变革的路线图

正如前面各章节以及本章所论述的，发达资本主义国家的民主已经在各个方面变得"功能失调"了。所以，我们不禁会怀疑大多数选民决定第三次系统性变革实质内容的能力。然而，只要我们了解了发达资本主义国家的前两次系统性变革是如何进行的，事情就比较清楚了。因为那个时候这些国家的民主被破坏的程度或功能失调状况要比现在严重得多。认为第三次系统性变革不可能由大多数选民来决定其实质内容，实为道义上的怯懦。

所以，本章的目的就是为第三次系统性变革提供一个路线图，以期本书的广大读者—选民（reader-voters）能发现本书对其有所帮助。本章主要内容如下。

第一部分列举并叙述了所有发达国家都可以进行的一些可能的税法改革的案例，这些改革是为了满足现在和未来的社会需求。其中一些改革需要开展国际性的合作。每个案例都有大量的文献依据并基于以往的或现在的许多经验，这些都有助于支持系统性变革。第二部分展示了美国、日本和德国应进行的系统性变革的总体轮廓，关于各个国家的论述只是突出阐述了这些国家所进行的几项最为显著的变革，以此提供这次系统性变革最重要的内容。希望这里所概括的三个最大的资本主义民主国家的每一个系统性变革轮廓，都会为其他富裕的资本主义国家即将进行的系统性变革提供有益的范本。

在展开第一部分的论述之前，有必要先强调以下两个主要事实：

第一个事实是，在以往两次制度性变革的范例中，当时推行的大多数法律、实践和制度改革，在系统性变革刚开始时，只有少数人相信能够实施这样的变革。实施第三次系统性变革是令人生畏的，但是同前两次系统性变革比起来，这次变革的困难其实并不太多。

第二个事实是，为了重新激发富裕社会的、消费已趋于饱和的经济的活力，需要进行社会投资。这样的投资要设定下面这些相互联系的目标：提供良好的"安全网"，使每位公民都能有尊严地生活；维护并改善基础设施，以提高所有公民的生活质量，提高经济生产率；采取更多措施保护生态环境，为所有居民提供更多更好的住房和医疗；提升从学前到大学的各层级的教育质量；在诸多领域加强研究并采取更多举措，以真正改善所有民众的生活水平。

可行的税收法改革

今天，在财富分配变革很不公平，建立在供给学派经济学基础上的经济政策已经阻碍生产发展的情况下，我们需要严肃地讨论财产税的问题。这种税可以在全世界范围内征收。例如，托马斯·皮凯蒂向欧盟提出建议，对那些拥有 100 万欧元以上但低于 500 万欧元财富的人，征收 1% 的税；对那些拥有 500 万欧元以上财富的人，征收 2% 的税。他估计，在全部人口中将会有 2.5% 的人缴纳这种税。[1]

---

[1] Thomas Piketty, *Capital in the Twenty-First Century*, Translated by Arthur Goldhammer, The Belknap of Harvard University Press, 2014, pp. 21 – 23, pp. 245 – 248.

　　显然，要在国际范围内（比如在 G8 或欧盟成员国中）征收这样的税是不太可能的，因为这会遭遇强烈抵制。然而在国际范围内以某些形式来征税的可能性也不是完全没有。因为我们看到，近来欧盟或 G8 峰会很认真地讨论要进行协调努力以减少个人避税和跨国公司逃税行为，而且就如何把个人避税与企业避税行为减少到最低程度达成了越来越多的双边协议。由于在每一个富裕国家中财富分配差距过大都已经成为一个重要的政治问题，所以征收财产税也就有必要在国际范围内认真进行讨论。

　　在所有富裕国家中于一国范围内征收财产税会遭遇不同程度的反对，但是这样的抵制程度无论如何不会超过过去收入税刚实行时或收入税率大幅度提高时人们的抵制程度。围绕这个问题展开争论可能费时耗力，可是在今天财富分配差距过大且已成为严重的政治问题和社会问题的时候，天平已经倾向于支持征税的一方，人们需要做的就是在认真讨论的基础上进行审慎细致的设计。

　　对其他一些种类的、有着具体实践经历和经验的税收也有必要进行讨论并采取适当的征收方式。

　　奢侈品税是应该好好设计并征收的一种。这一税种在所有富裕国家中已经征收或正在征收。需要做的就是要明确界定哪些属于奢侈商品和服务，这样的话政府就会得到绝大多数选民的支持，也会获得充足的税收收入。而且更重要的是，征收这样的税还有助于保护环境，因为这将大大减少为了生产奢侈商品和服务（本书第一章所划分的第二类商品）而消耗的资源。

　　这里，我们只列举近年来在这一方面关于税收的两个例子。美国在 1991 年设定了税率为 10% 的奢侈品税，当然征收范围很小，需要征税的奢侈品包括私人飞机、超过 10 万美元的许多其他消费品以及超过 3 万美元的汽车等。可是到了 1993 年这种税就停止征收了（除了对汽车持续征税到 2005 年），主要原因是政府认为征得的税额相对较少，而且对奢侈品销售者的收入带来不利影响。日本于2014年征收了税率5%～8%的消费税，对奢侈品和非奢侈品不加区分地征收。我认为应该认真讨论一下哪些东西属于奢侈品，这将有助于设计一种合理的奢侈品消费税——既能够征得充足的税额，又有利于保护环境。

今天，许多欧洲人担心他们的累进增值税（VAT）税率已经达到很高的水平（在一些国家超过了15%），部分原因在于他们的政府选择提高增值税税率以便降低公司的税收，而表面上说是为了提高公司的国际竞争力。考虑到目前欧洲收入财富分配日渐拉大的差距，如果推行一种经过认真设计的奢侈品税，将会缓和当前因增值税过高而造成的不利影响。对此应该进行认真的讨论。

另外一种值得研究的税种是金融交易税，近些年人们对此争议很大。这种税与1972年由获得诺贝尔奖的美国经济学家詹姆士·托宾倡导设计的托宾税是完全不同的。托宾税在20世纪80年代和90年代得到很多人的支持，当时墨西哥、南亚诸国和俄罗斯正经历着金融危机，危机使得这些国家的货币币值剧烈波动。所谓的托宾税就是对货币交易征收0.5%的税，以减少货币投机活动。这种货币投机活动对投机者极为有利，而给墨西哥、南亚各国和俄罗斯的经济带来灾难。

与此不同的是，今天所讨论的是对货币、股票、债券、衍生品以及各种金融工具所征收的各式各样的组合税，以提高税入、缩小收入财富分配差距，并且获得必要的资金以便在将来再为金融机构"作保"。欧盟和美国已经设计倡导了这种税的多种版本，但是真正落地征收的却不多，因为那些在政治上很有影响力的金融机构和保守的政治领导人对此强力反对。

瑞典、法国和意大利实行了这种税的一个版本。瑞典所执行的是经常被认为是设计糟糕的股票证券交易税，它在20世纪80年代实行，尔后又被抛弃了。法国和意大利分别于 2012 年和 2013 年展开了各自版本的征税行动，但是两者征得的税额都很少，因为对金融交易所限定的范围很窄，而且税率很低。

无论如何，这些例子有助于讨论在国际范围或在一国内如何征收这样的税。在每一种情况下，政府都要进行审慎细致的讨论并形成有效的征税方案，以获得充足的税入、实现可行的管理，以及尽可能对资本市场运作带来最小扭曲。对这种税目前也有反对意见，比如一些人提出在设计这种税时会有技术困难，会折损资本使用效率等，但是这些反对意见并不比那些反对征收收入税、反对《反垄断法》的意见合理多少。而且，过去的两次制度性变革在推行过程中，已经制定了许多其他类似的先行立法规范。

尽管还有其他类似的可能性，诸如对遗产税和财产税也应该认真讨论外，我认为最后一项值得特别关注的例子是可被广泛界定的环境税。所有的资本主义发达国家，不论是地区性的（例如欧盟内部）还是一个国家内部，都对这一税种进行了多种形式的征收，从多种版本的碳信用额交易到使用各种自然资源（如水、煤和汽油等）的税。征收这样的税一般有双重目的：保护环境和增加税入。对这些税种的征收要慎重执行，因为这需要考虑到征收的后果（如对生产率的影响或其他消极作用）。虽然各种被广泛界定的环境税还在继续征收，但是它们始终面临强烈的反对。所以我们要认真、积极地加以研究，以更有效地保护环境，提高税入。

最后，在讨论增加税收问题时，值得注意的一个情况是，基于多种原因，税收额对于经济增长率的弹性——税收额对于等量 GDP 的税率增加比例——经常超过理论预期的弹性。也就是说，对每个发达资本主义经济体的任何一项研究都表明，可以肯定地得出结论的是，税收额的增加比例几乎必然超过经济增长率。这就是说，我们依靠经济增长来提供增加的税入。如果税收被用于增加社会需求的话，它能促使经济保持较高的增长率。

与之相反的是，在我们证明供给学派支持者的观点是无效的同时，并没有证据表明增加税收会导致经济增长率下降。正如本章第二部分的数据所表明的，三个富裕的资本主义经济体在二战后到 20 世纪 70 年代这段时间同 80 年代以后的时期相比，税收占 GDP 的比重是较高的，但那时经济增长率也是较高的。当然，经济增长率是由多种因素决定的，但没有证据表明对收入较高的个人和企业征收较高的税会导致发达资本主义经济体经济增长率下降，这在 20 世纪 80 年代之前和之后都是一样的。如本书第一章所强调的那样，供给学派主张，收入税和企业税的税率与经济增长率是负相关的，以经验来看这是一种错误的推断。

美国、 日本和德国系统性变革路线图

在我们继续讨论三个国家实行第三次系统性变革的路线图之前，下面一点是首先要强调的。因为税收要明确地增加多少是由一个国家的选民或立法机构决定的，所以本部分的讨论主要集中于两个例子，即收入税和企业税，这是一国税人最大的两个来源。

根据经合组织 2012 年所做的详细研究，在 34 个经合组织成员国中，全部税收额（包括地方层级的税额）占 GDP 的比重是 34.8%。其中，丹麦的比重最高，达到 49%；德国的比重是 40.6%；法国为 44.6%；英国为 39.0%；日本为 28.3%；美国则为 26.9%，是经合组织成员国中最低的。这就意味着，即使提高美国的税收额度，使其相当于 GDP 的 3%，其比重仍然低于经合组织成员国平均水平 5 个百分点。

至于每个国家中税收增加的额度，我认为 GDP 的 3% 左右的量仅仅是每个国家讨论的起始点。这应是税收增加的底线和最小值。

这是基于对 1950~1970 年这个时期需求增加率与 GDP 增长率之间的数量关系所做的广泛分析，以及对这 20 年间所看到的"供需差距"（美国、日本和德国各自应有产量与实际产量之间的差）趋势的分析。换句话说，至少占 GDP 的 3% 的量是每年需要增加的额度，这将最小限度地"填补"现存的"需求差距"，促使经济增长率保持在较高水平，以改变当前经济持续不振的运行局面。（确定准确的"需求差距"包括进行复杂程度高的技术性假设和估算，这样一来，关于"需求差距"的准确数量额度也是经济学家们讨论的主题。）当然，在第三次系统性变革开始的时候，绝大多数选民都希望增加大量的社会投资，以维持经济的持续高速增长，更好地满足未来的社会需求，因此没有什么理由不把税收增加额度设定在 GDP 的 3% 的水平。

要获得至少相当于 GDP 的 3% 的税收，许多税种的税率都需要提高，或者需要征收新的税种。所以现在需要重点讨论的是某一种税的税率需要提高多少，某一新税种需要以什么样的税率来征收。还有一点值得注意的是，比如即便在下面这种不太可能的情况中，即所有的税入来源于收入阶层收入税率的提高，这种税率增加使各种税收增加的程度也低于我们将要论述的三个国家在 80 年代以前的税收水平。

如果税收额的增加幅度至少相当于 GDP 的 3% 的话，那么人们就可能提出这样一个问题：这种增加幅度要持续多长时间，才能形成必要的社会投资以提高经济增长率？无论如何，这是一个需要进一步讨论的问题，原因有以下几点。

绝大多数选民看到，税收增加会相应增加社会投资以满足社会需求，这样就改变了经济的运行轨道，于是他们就会决定维持较高的税率。即便那些曾经激烈反对增加税收负担的企业和个人，当他们最终得出下面这样的结论时也会改变自己的态度："我们现在缴付的较高税收比之前一段时期要低很多，而且不容否定的是，税收增加为经济运行增加了活力，提高了利润和股息以及证券和其他资产的价格。另外，日趋严重的政治和环境问题大大得到了缓解。虽然较低的税收往往讨人喜欢，但是当前增加税收是为了造福每个人。当前的税收负担就应该持续下去。"

为了实现第三次系统性变革，改革选举制度以及其他政治体制和运作方式同改革税收法同样重要。而且如改变税收法的情况一样，改革发达资本主义国家的政治制度及其运作机制也将是一项复杂的事业，必然遭遇激烈的反对。但无论如何，人们都认为现存的政治制度并不符合民主运作的期望，也就是不具备按照绝大多数选民的需要进行自我矫正、减少或消除所有反民主行为及其后果的能力，这种反民主及其后果也包括扩大收入财富分配差距。原因主要有以下三个密切联系的方面。

（1）富有的人越来越能够运用其资源影响选举、立法和管理过程。他们通过向竞选活动捐款、积极游说，或者通过"旋转门"以及我们熟悉的各种其他途径，在政治家与大企业和大金融机构领导之间、政治家与政府高级公职人员之间沟通、联络。

（2）政府规划及其自觉或不自觉结果的不断增强的复杂性以及大众传播变得前所未有的便捷，使得富人和政治家们更容易诱使越来越多的选民投票给那些实际上违背多数选民利益的政客。这里不再提供更多的证据来支持这样的结论，因为本书前面的章节中已经提供了各种直接或间接的反民主运作及其后果的证据，而且这种反民主运作及其后果的事例比比皆是，大众媒体几乎每天都有报道。

（3）许多选民看到自己的收入增长停滞，而富人却变得更加富有，更能影响政治，于是他们对政治表示绝望而选择"退出"（变得逃避政治而不愿意投票），并且不再"发声"（不再参加各种政治活动和投票）。选择"退出"政治的选民数量不断增多，使得富裕群体拥有了更多的政治权力。下面的数据表明了"退出"政治过程的选民数量不断增多：在美国，总统选举中选民参与率从 20 世纪 80 年代以来大体在 58% 到 62% 之间波动，中期国会选举的参与率一般在 36%~50.5% 这一低水平波动，而且下滑趋势明显。在日本，下院选举（相当于美国的参议院选举）中选民参与率自 80 年代以来也呈现显著的下滑趋势，从中期的 70% 下降到 2014 年较低的 52.7%。在德国，全国大选中的选民参与率从 80 年代早期很高的约 90% 下降到 2013 年的 71%。在所有其他的欧洲富裕国家（法国、英国、意大利和西班牙），下滑趋势也是确切无疑的。根据年龄组统计的选民参与率结果显示，在所有的资本主义发达国家，年轻选民的参与率一般只有全部选民参与率的一半。

以上情况都表明，如今的资本主义政治无论怎样已变得不能对选民负责，正如美国、日本、德国等国家的情况所表明的那样。所以这样的政治状况必须改变，而且这种改变要成为第三次系统性变革中不可或缺的部分。

美　国

在美国，值得强调的还有两个与税收有关的事实。一个事实是，即便税收增加了 5000 亿美元或相当于 GDP 的 3%，美国的税收负担在 34 个经合组织成员国中仍然是倒数第三这样低。

当我们回顾两种最重要的税收，即收入税和企业税的历史时，就会发现如下另一个事实：高收入阶层在 1932~1950 年的边际收入税率平均约为 82%，之后持续下降，到 60 年代降到 70%，到 1982 年则下降到 50%，而到 1988 年则为 28%。后来在 2000 年上升到 39.6%，到 2003 年却又下降到 35%。而且，正如许多领域的研究所显示的，所有的税率都不是有效税率，即收入税实际缴付的税率。

对于许多富有的纳税人来说，毋庸置疑的是，有效税率要低许多，因为税收法中的很多条款能够减少他们缴纳的税额。许多美国人都知道全美第二富豪沃伦·巴菲特反复说的那句话："我的有效税率肯定要比我的秘书的低很多。"

同样，企业税率在战后直至 70 年代末大体为 50%，到了 1981 年降低至 46%，到 1986 年则又降低到 34%，1993 年又上升到 35%。然而重要的是，正如从互联网上获得的大量数据显示的那样，平均有效税率一直呈下降趋势，从 50% 一直下降到 2010 年的 17%~18%，这主要是因为无数的税收漏洞、免税和特殊条款使企业能够规避企业税。所以许多读者肯定都熟悉美国许多这样的新闻报道：许多大企业特别是跨国公司以很低的有效税率缴付企业税，或者根本就不缴纳。

以上这些对于讨论美国税收来说无疑远远不够，今天的税收法在美国国税局编纂了近 7.2 万页。但毋庸置疑的是，要变革现存制度，必须在全国性辩论结束之后对税收制度进行调整。

变革税收法是变革现存制度的必要内容，而变革选举制度也一样重要。其中重要的一项变革就是消除"保险的"重划选区的伎俩（gerrymandered electoral districts，指通过操纵选区边界范围试图确立某一个政党的政治优势地位）。这个概念源于马萨诸塞州州长埃尔布里奇·格里（Elbridge Gerry），他于 1812 年签署了一项法案，重新划分州内选区以有利于他所在的民主共和党——那个时代的保守党。美国很少有知识渊博的政治学学生会讨论这样的事实，即 80%~90% 之多的议会议员明显地倾向于支持某个政党的候选人。这样的安排增加了在思想上倾向于左翼（在民主党选区）或倾向于右翼（在共和党选区）的人当选的可能性。这造成的一个结果就是增强了基于意识形态之上的立法冲突，使国会很难去处理国家面临的许多重要问题。正如本书第五章所讨论的，这使得美国立法机构很难通过年度预算，于是政府"关门"，也迫使这个国家不去严肃考虑自己拖欠的债务，这就极可能使美国经济抑或世界经济陷入金融危机的泥淖。

在政治领域当然还有很多其他的变革需要进行。一个重要的例子就是要推翻最高法院的两项判决，以及奥巴马政府为了使2014～2015年度预算获得通过而做出的妥协。原因正如本书第五章所论述的，这两项判决取消了对政治捐款的限制。这样的判决基于极其错误的观点，即这样的捐款是由国家宪法保障的言论自由及个人意志的表达。

正如以上这些例子所表明的，在美国实行第三次系统性变革将遭遇极为强烈的反对，因而也是非常困难的事情。但不管怎样，再进行一次系统性变革并不会比19世纪90年代和20世纪30年代进行的系统性变革困难多少。这样一来，美国资本主义民主所面对的最重要的问题不是该不该进行系统性变革，而是它进行一场新的变革比既往的变革能快多少。

日　本

对于日本来说，进行系统性变革也同样迫切，因为20世纪90年代伊始，日本就存在着一种毫无生气、紧缩而萧条的经济状况。而且如本书第六章所论述的，目前试图重新激活经济的安倍经济学也没有取得预期的成功，日本经济持续低迷，绝大多数工人的实际工资持续降低。

日本国债与GDP的比例尽管在2014年已经达到240%，但如果不进行系统性变革，其很难再随时降下来。2014年预算中的约40%——相当于GDP的8%——是由出售更多的政府债券而进行资金支撑的。毫无疑问，来年的预算也必定要靠出售同样多的政府债券来实现所谓的"平衡"。这是因为自由民主党政府一直急于削减税收，特别是企业税，这样一来它甚至不能履行自己所承诺的到2020年基本实现预算（不考虑支付国债利息的预算）平衡的目标。

日本的社会需求还没有被充分讨论。其需求结构同美国较为相似。日本自由民主党、民主党以及其他政党开展的"宣言"运动在近期的选举中也表明，日本还面临着许多自身特有的社会需求，这些需求同过快增加的老龄人口、由于出生率低而出现的劳动力短缺、在能源和食品上过度依赖进口等因素密切相关。人们认为，在日本，满足社会需求的社会投资总量可以从每年2000亿～2500亿美元开始，这约相当于日本2014年GDP的3%。

日本全部税收预算占GDP的比重只是比美国略高一点，比34个经合组织成员国的平均水平低3.5个百分点。而且，即便为进行社会投资以满足社会需求而增加税收之后，日本的收入税和企业税也大大低于20世纪70年代的水平。

1974年，日本征收的全部国家和地方的收入税的最高边际税率是93%，覆盖19个税收层级。从1984年开始，最高税率和税收层级数目逐渐减少：1984年是88%、15个层级；1987年是78%、12个层级；1988年是76%、6个层级；1989年是65%、5个层级；1999年是55%、4个层级；自1999年以来是50%、6个层级。较少的征税层级使得更多属于高税收层级的人以较低的税率缴纳税费。

日本的企业税也从80年代中期的43.3%下降到2003年以来的40.87%（这两个税率也包括了地方政府征收的居民和企业税）。与美国一样，许多研究都显示，日本企业税的有效税率实际上低得多，这是由于税收法和许多补贴规定中批准了各种免税项目，这里仅举一例。日本下院2012年5月22日的一个辩论记录中有一份共产党议员的报告，其中的一段无可辩驳："根据国家税务局所做的一项抽样调查，资本超过1亿日元的大企业缴纳的企业税的有效税率仅是

21.2%（2011年），这甚至要比资本少于100万日元的中小企业缴纳的企业税的有效税率——25%还要低。"

同样值得关注的是，2013年财政部所做的一项观察研究称："主要是由于对其产品的需求不足而调整投资，400家较大企业到2013年已经积累了3亿美元的内部现金储存。"（这个数目是根据2013年通行的汇率折算来的）显而易见的是，财政部并不想指出企业进行大额现金储存的重要原因：基于免税、补贴和逃税等因素，企业的有效税率甚至比近年来已经降低的名义税率还低。

以上所有情况都更加清晰地表明，现在需要做的就是进行一场系统性变革，以促使日本增加税收，用于投资以满足社会需求。现在闲置资本数量还在持续增多，这主要是因为自由民主党和企业还在要求像20世纪80年代以来那样削减收入税和企业税，这样社会需求增幅就开始降低，从而也减少了投资的需求。

除了在现存的经济制度与实践（这些已列入安倍经济学的"第三支箭"方案）中改革税法以及在许多其他方面进行变革外（作为系统性变革的一部分），日本还需要改革其选举制度。这是因为消除一张选票中存在的惊人的权重差别是非常重要的，这种差别是反民主的。2012年12月的下院选举结果就是一个典型的例子。

在这次选举中，自由民主党赢得了300个"小"选区中的237个，在这样的选区中，一个赢得大多数选票的单独候选人就获胜了。它还在11个地区性的、比例制的选区中赢得了60个席位。在每个这样的选区中，每个政党获得的席位与其赢得的选票数是成比例的。然而，尽管自由民主党获得了237个小选区席位（占300个席位的79%），其候选人却只获得全部选票的24.67%，因为在每个选区中除了获胜者外，其他所有的选票都成了"死票"。自由民主党获得的全部选票比上次下院选举获得的选票少了166万张，而且上次自由民主党输给民主党很多。在比例制选区情况也是如此，自由民主党获得的选票比上次选举少了 220 万张。2014 年下院选举结果也表明，自由民主党虽然又一次赢得了多数，但这个结果主要归功于现有的选举制度。

现存的选举制度是 1994 年施行的，它去除了那些选出 2～4 个候选人的选区。这样的变化之所以能够获得通过，是因为自由民主党想要制止住其选举力量不可逆转的下滑趋势，而且民主党和其他政党中许多保守派人士也支持这样的变化。

同样重要的是，日本现在还没有调整其长期存在的选票"权重差距"的问题：保守党在农村选区的一张选票的权重要相当于许多自由党在大城市选区一张选票的 4 倍。2011 年和 2012 年，一些地方法院及最高法院做出裁决，认为在一些城市选区，现存的选举法"违宪地"剥夺了这些选区的选民拥有的"一人一票"原则规定的权利（尽管这些法院没有裁定近期上院和下院的选举结果无效）。2013 年选举制度做了微小的调整（通过扩大或合并农村选区而减少了 5 个农村选区）。然而，"权重差距"仍继续存在，一张农村选票的权重仍然相当于一张城市选票的 2～3 倍。2015 年 3 月，东京、大阪、名古屋、广岛和仙台五家地方高级法院裁定，2014 年 12 月的下院选举"是在违宪的选票'权重差距'状态下"进行的，但是没有另做出选举结果无效的裁定。可见，如果不对日本的资本主义民主制度进行变革的话，选票"权重差距"无论如何是不能消除的。

除了增加税收预算来满足社会需求、改革选举法之外，日本还需要完成一项更为艰巨的工作，即消除那些保护强力集团利益的各种各样根深蒂固的政策和实践。这些政策和实践所引发的社会代价包括抑制经济效率、拉大收入财富分配差距。安倍经济学中的"第三支箭"方案中包括对这些政策和实践进行"结构性改革"，这在本书第五章介绍过。可是正如 2015 年前期几个月的情况所表明的，"第三支箭"方案仍只是一系列泛泛而谈的有待实现的目标。今天，日本选民所需要搞清楚的是日本需要些什么——不是安倍经济学，而是一场系统性的变革。

德　国

在德国，基尼系数看起来比较低，全部税收预算占 GDP 的比重也比美国和日本的高。许多德国专家都认为，同其他许多民主国家不同，德国当今的选举制度没有明显的、严重的缺陷，尽管它复杂得很，主要原因如下。德国宪法法院 2009 年做出裁定，2009 年大选所依据的选举制度是违宪的。尔后联邦议会于 2009 年后期所进行的对选举制度的第一次改革仍被视为违宪，但是联邦议会提出的第二项选举制度改革方案被视为合宪。

但无论如何，德国同美国、日本以及其他发达资本主义国家一样，也需要进行一场系统性变革，因为它的经济同样持续低迷，民主同样受到威胁（如本书第七章所论述的）。

由于国内需求现在仍没有增加，德国经济仍然继续依赖出口，并持续走强。这要归功于德国受抑制的工资、高质量的产品和对欧元的使用。很少有经济学家质疑欧元在价值上低于德国马克，使用欧元会使出口增加，否则德国会继续使用马克的。可是德国出口产品的很大部分仍是输送至欧盟国家，其中一些国家对德国的贸易长期以来陷于赤字状态，这是一些国家接受"三驾马车"（欧盟、国际货币基金组织、欧洲央行）的金融援助的一个重要原因。但是，尽管保持着强劲的出口，德国的经济仍持续停滞，其原因已在本书第一章和第七章中做了论述。

在造成经济持续低迷的因素中，最为重要的是中右翼的默克尔政府奉行的"小政府"政策，它仍然遵循基于供给学派经济学的财政紧缩和低税收政策。德国的政府开支也不可能增加，因为在 2009

年德国进行了一次宪法改革，这样的改革现在需要有一个债务边界。这迫使政府在全国和州一级都必须平衡 2016 年及以后的预算，除非国家处于危机情形下，比如严重的萧条或战争。

上面所说的意味着，德国为满足社会需求而进行的公共投资正如美国和日本的情形一样，其占 GDP 的比重也将持续下降。正如《明镜周刊》所感慨的那样："长期以来德国具有优质基础设施的声誉，但近年来无论是公共投资还是私人投资都显著地减少了。"[1] 关于公共投资的数据显示，美国的公共投资从 20 世纪 90 年代以来一直在 2.5% 至 2.7% 之间波动，同时日本的公共投资从 90 年代的约 6.4% 下降到 2010 年的 3.0% ~ 3.4%，而德国的公共投资在同一时期则从 2.0% ~ 2.2% 下降到 1.6%。这样一来，国际货币基金组织一直主张"在 30 年持续下滑之后"要增加基础设施建设开支，而且特意从发达国家中选出美国和德国作为最需要增加公共投资的国家。[2]

上面所有这些都表明德国也需要进行一场系统性变革，这会促使税收增加，从而增加投资、满足社会需求。至于税收增加的额度，我认为讨论的合理起始点应相当于 1000 亿美元，或为德国当前 GDP 的约 3%。

尽管德国企业的利润在不断增加，这主要是因为增加出口和压低工资水平，但企业收入税税率自 80 年代以来却一直在降低。德国的企业税，包括联邦税、州级"交易税"和援助前民主德国的统一税的总和，从 1985 ~ 1988 年的 38% ~ 40% 下降到 2007 年的 36% ~ 37%。这个税率自 2008 年以来又下降到今天的 29% ~ 32%。

而且同美国和日本一样，由于各种例外政策、减免和避税现象的存在，德国的有效税率也比上面所讲的名义税率低得多。所以，

---

[1] 《明镜周刊》2013 年 9 月 18 日。

[2] 《卫报》2014 年 9 月 30 日。

在 2014 年 12 月 20 日基督教民主联盟和社会民主党签署大联盟协议的时候，联合政府把使德国企业和跨国公司的逃税行为减少到最低程度作为一个重要目标提了出来。各种新闻报道和研究也支持德国有影响的杂志《明镜周刊》的如下观察："因为富有的人和企业将千百万欧元转移到国外以规避企业税和收入税，据估计企业有效税率约是 21%，这比名义税率要低很多。"[①]

德国人——曾经慷慨地缴纳繁重的统一税来支持前东德地区，该地区也曾经有过长期的、引以为傲的社会市场经济（一种市场社会主义模式，它将市场经济同有利于工会谈判的政策、社会保险以及其他类似的社会民主实践很好地结合起来）的历史——一定希望进行一场系统性变革。这个国家不可能再容忍当前这种收入和财富分配状况，如今仍有 200 万就业公民需要从福利制度中领取工资补贴。德国在进行一场系统性变革之后，必将能够从与它竞争的欧盟成员国那里增加进口。德国也必将成为这样的国家——在财政上进一步强大起来，也愿意担负起拯救欧元、维系欧盟统一的重任，为欧洲以及世界的繁荣与和平做出贡献。

---

① 《明镜周刊》2013 年 5 月 21 日。

第十二章
结论

　　同其他任何种类的经济制度比起来，资本主义都是更具生产效率的制度。因为这种制度让私人利益来决定如何使资源在受到最小约束的前提下得到使用，以达到生产效率最大化。然而，正是资本主义的这种固有特性带来了许多后果，以至于为了其自身的存在和繁荣，必须进行实际的系统性变革。这些后果包括周期性衰退或萧条，收入和财富分配严重不平等以至于威胁民主，以及消费饱和。这些都极为严重地降低了经济增长率，无法让社会投资合理地满足社会需求。

　　第一次系统性变革发生在英国，其目的在于应对当时存在的阶级之间收入和财富分配严重不平等问题。第二次系统性变革发生在美国，其目的在于克服由收入和财富分配严重不平等造成的危机，以及应对日渐加深的萧条危机。今天，富裕的资本主义民主国家面临着三重危机：长期停滞不振的经济，威胁民主的巨大的收入和财富分配差距，以及正达到临界点的、不可逆转的环境大灾难。这意味着，第三次系统性变革必须尽可能迅速地实行。

　　实行第三次系统变革是一项极为艰巨的事情，因为这必然招致来自保守派人士的强烈反对。甚至许多自由派人士以及其他人可能也会反对第三次系统变革，因为他们或者错误地认为现存体制应该维持原貌，或者认为要用完全不同于资本主义的其他制度来代替现存制度。

许多保守派人士会争辩说，前面章节所论述的第三次系统性变革将会导致资本主义国家实行一种无效率的社会主义制度，在这样的制度下政府将在经济中发挥很大的干预作用。可是这种见解是错误的，因为我们设计的第三次系统变革将保持并重新激发资本主义的生产效率。如果不实行第三次系统变革，那些发达国家将继续受困于需求不足、具有严重后果的低迷经济、持续恶化的环境以及功能越发失调的民主。

政府干预作用的增强，只是为了减少或消除现存制度中因很高的、持续的经济和政治成本而付出的些许代价。在过去的两次系统性变革中，虽然政府的作用增强了，但这却促使资本主义制度得以存续并繁荣起来，促使民主持续作为有效的政治制度维系下去。然而，第三次系统性变革中政府作用的增强幅度将比美国发生第二次系统性变革时小得多，但这在促使资本主义和民主得以存续并繁荣方面却毫不逊色。

第三次系统性变革的保守派反对者会提醒说，前两次系统性变革有益于投资者、企业、金融机构以及其他经济精英，这是因为这样的系统变革能够使经济精英们保持其经济地位，从而使现存制度得以存续并繁荣。我在这里可以确定不疑地说，第三次系统性变革也同样会这么做。换句话说，如果第三次系统性变革不实行的话，此后经济精英们付出的经济代价要比那些附加税多得多。

在保守派人士必然反对系统变革的同时，许多左派人士也会对此持反对立场。然而，那些相信资本主义应该被另一种体制所取代的人在反对系统变革时，也必须提供有说服力的观点和证据，证明他们倡导的替代制度不会降低生产效率，而可以维系民主以及所有公民的自由。可是，考察一下非资本主义国家的历史，这些反对者将很难为其倡导的替代制度提供令人信服的观点和证据。

除了那些反对资本主义的左派人士外，还有许多自由派人士支持资本主义，也支持本书概述的第三次系统变革。但是，他们认为这样的变革很难实行，因为这会遭到利益集团的强烈反对。但无论如何，这样的观点是不正确的。前两次变革在每一次推行过程中，通过战胜反对势力而推行的法律与实践变革，同我们预期的反对第三次系统性变革的力量比起来，其难度和力度也毫不逊色。"第三次系统性变革要比前两次系统性变革困难得多"的观点，是对历史的误读。

认真思考"箱外"变革，从时间上来说已为时不早。当前，需求已经无法为促进经济增长而持续扩大，因为消费已经饱和，另外还存在本书所述的种种其他原因。扩大需求的唯一办法就是使投资满足我们的社会需要，以保持必要的经济增长率来应对我们所说的三重危机。开展第三次系统性变革已是势在必行。唯有如此，我们才能获得足够的税收收入来保证社会投资，来保证维系民主稳定而要做的其他种种事情，来保证环境发展的可持续性。为了维系资本主义制度和民主，进行第三次系统性变革是绝对必要的。故本书的目的，就是向读者说明和描绘第三次系统性变革的种种原因和可行方案，以期说服尽可能多的读者—选民，使他们做出决定来帮助推动这样的系统变革。

作者简介

　　山村耕造，亚裔美国人，1934 年生于泰国，在战后日本生活了十年之后，于 1953 年赴美求学，获得学士学位。在美国服役期间被派驻欧洲执行任务，而后完成了经济学博士学位并最终成为西雅图华盛顿大学教授，研究领域为宏观经济学、经济制度与产业组织、日本经济。在学术生涯中，曾在美国、日本和欧洲多所著名大学从事研究和做访问教授。此外还担任过多年学术期刊、学术委员会和学术基金会理事的职务。20 世纪 60 年代被聘为美国总统经济顾问委员会、美国国务院、美国财政部和美国商务部特约顾问。他撰写或主编过 25 本学术著作，发表学术文章 100 多篇。

世界社会主义研究丛书

相关链接

更多信息请查询：www.ssap.com.cn

参考系列（续）

多极世界与第五国际
[埃] 萨米尔·阿明 著
沈雁南 彭姝祎 译
2014年11月

**苏共二十大："秘密报告"
与赫鲁晓夫的谎言**
格雷弗弗 著
马维先 译
2015年1月

西方情报机构与苏联解体
戴维·阿尔贝尔兰·埃德利 著
孙成昊 张蓓 译
2015年1月

**相互竞争的经济理论：新古典主义、
凯恩斯主义和马克思主义**
[美]理查德·沃尔夫
[美]斯蒂芬·雷斯尼克 著
孙来斌 王今朝 杨军 译
2015年6月

**五十年战争：世界政治中的美国与苏联
（1941~1991）**
[英] 理查德·克罗卡特 著
王振西 钱俊德 译
2015年10月

马克思的阶级概念
[日]渡边雅男 著
李晓魁 译
2015年11月

情报的兴衰：一部国际安全史
[美]迈克尔·华纳著
黄日涵 邱培兵 译
2016年1月

皮书系列

**2005年世界社会主义跟踪研
究报告——且听低谷新潮声
（之二）**
李慎明 主编
2006年3月

**世界社会主义跟踪研究报告
——且听低谷新潮声
（之一）**
李慎明 主编
2006年5月

**2006年世界社会主义跟踪研
究报告——且听低谷新潮声
（之三）**
李慎明 主编
2007年3月

**2007年世界社会主义跟踪研
究报告——且听低谷新潮声
（之四）**
李慎明 主编
2008年3月

**世界社会主义跟踪研究报告
（2008~2009）——且听低谷
新潮声（之五）**
李慎明 主编
2009年3月

**世界社会主义跟踪研究报告
（2009~2010）——且听低谷
新潮声（之六）**
李慎明 主编
2010年2月

**世界社会主义跟踪研究报告
（2010~2011）——且听低谷新潮声（之七）**
李慎明 主编
2011年3月

**世界社会主义跟踪研究报告
（2011~2012）——且听低谷新潮声（之八）**
李慎明 主编
2012年3月

**世界社会主义黄皮书 世界社会主义跟踪
研究报告（2012~2013）**
李慎明 主编
2013年5月

**世界社会主义黄皮书 世界社会主义跟踪
研究报告（2013~2014）**
李慎明 主编
2014年3月

居安思危·世界社会主义小丛书

图书在版编目（CIP）数据

过剩：资本主义的系统性危机/（美）山村耕造
（Koyama，M. S.）著；童晋译.—北京：社会科学文献
出版社，2016.5（2017.7 重印）

（世界社会主义研究丛书·参考系列）

ISBN 978 - 7 - 5097 - 9082 - 3

Ⅰ.①过…　Ⅱ.①山…　②童…　Ⅲ.①资本主义经济
－经济危机－研究　Ⅳ.①F039

中国版本图书馆 CIP 数据核字（2016）第 086563 号

世界社会主义研究丛书·参考系列·82

过剩：资本主义的系统性危机

著　　者 / 〔美〕山村耕造（Michael S. Koyama）
译　　者 / 童　晋

出 版 人 / 谢寿光
项目统筹 / 祝得彬
责任编辑 / 仇　扬　王小艳

出　　版 / 社会科学文献出版社·当代世界出版分社（010）59367004
　　　　　　地址：北京市北三环中路甲 29 号院华龙大厦　邮编：100029
　　　　　　网址：www. ssap. com. cn
发　　行 / 市场营销中心（010）59367081　59367018
印　　装 / 北京季蜂印刷有限公司

规　　格 / 开　本：787mm × 1092mm　1/16
　　　　　　印　张：10.75　字　数：140 千字
版　　次 / 2016 年 5 月第 1 版　2017 年 7 月第 2 次印刷
书　　号 / ISBN 978 - 7 - 5097 - 9082 - 3
著作权合同
登 记 号 / 图字 01 - 2016 - 2825 号
定　　价 / 59.00 元

本书如有印装质量问题，请与读者服务中心（010 - 59367028）联系

▲▲ 版权所有 翻印必究